第一辑

法大故事

黄瑞宇○主编

李蕾○副主编

中国政法大学出版社

2021·北京

图书在版编目（ＣＩＰ）数据

法大故事. 第一辑/黄瑞宇主编. —北京：中国政法大学出版社,2021.9
ISBN 978-7-5620-9826-3

Ⅰ.①法…　Ⅱ.①黄…　Ⅲ.①中国政法大学—概况　Ⅳ.①G649.281

中国版本图书馆CIP数据核字(2021)第021301号

书　名	法大故事·第一辑 FADAGUSHI DIYIJI
出版者	中国政法大学出版社
地　址	北京市海淀区西土城路 25 号
邮　箱	fadapress@163.com
网　址	http://www.cuplpress.com (网络实名：中国政法大学出版社)
电　话	010-58908466(第七编辑部) 010-58908334(邮购部)
承　印	北京中科印刷有限公司
开　本	650mm×960mm　1/16
印　张	11.75
字　数	135 千字
版　次	2021 年 9 月第 1 版
印　次	2021 年 9 月第 1 次印刷
定　价	70.00 元

目 录

目录

立德树人　德法兼修[*]

——习近平总书记考察法大这一天

米　莉

　　2017 年 5 月 3 日，这是一个让法大师生终生难忘的日子，也成为法大历史上最浓墨重彩的一天。

　　这一天，中共中央总书记、国家主席、中央军委主席习近平来到中国政法大学考察。

　　暮春时节，军都山下，即将迎来建校 65 周年华诞的中国政法大学校园一片葱翠，法大师生脸上洋溢着节日的喜气洋洋。

　　这是一份沉甸甸的"礼物"——习近平参观了中国政法大学 65 周年校史及成果展，和学校领导班子成员以及资深教授亲切交谈并合影留念，临走时和师生们热情握手，感人场景令人难忘。

　　这是对青年人的谆谆重托——习近平参加了学生们的主题团日活动，和大家一同缅怀焦裕禄，学习焦裕禄精神，勉励当代青年要树立与这个时代主题同心同向的理想信念，勇于担当这个时代赋予的历史责任，励志勤学、刻苦磨炼，在激情奋斗中绽放青春光芒、健康成长进步。

　　这是推进全面依法治国的时代强音——座谈会上，习近平强

　　* 米莉，任职于中国政法大学党委教师工作部。

调，全面推进依法治国是一项长期而重大的历史任务，要坚持中国特色社会主义法治道路，坚持以马克思主义法学思想和中国特色社会主义法治理论为指导，立德树人，德法兼修，培养大批高素质法治人才。

在展厅——

习近平总书记第一站来到了学校 65 周年校史及成果展。在逸夫楼一层大厅展出的一张张图片，记录了中国政法大学自 1952 年建校至今的发展历程和系列成就。展板前，习近平总书记看得很认真，不时地询问照片的一些细节。特别是在展示学校人才培养、社会服务、科学研究、国际交流情况的展板前，总书记驻足了很长时间。

玻璃展柜里，中国政法大学整理出版的一套《沈家本全集》十分醒目，集录了我国近代著名法学家沈家本的生前著述。

"总书记拿起全集翻阅，他对沈家本很了解，说沈家本先生是湖州人，主要是做刑事法律的。他还看了学校张晋藩先生撰写的《中华法制文明史》的英译本、日译本和韩译本。"负责为总书记一行讲解的时任中国政法大学副校长马怀德说。

展厅右侧上方，两张翻拍的聘书照片吸引了不少学生驻足观看。这是时任福建省省长的习近平给中国政法大学教授应松年等颁发的"福建省人民政府法律顾问"聘书。

"总书记当时指着聘书讲，他很早就开始搞法律顾问制度。"马怀德说，"总书记对法治工作的重视是一以贯之的。"

观看完展览，习近平在展厅亲切会见了中国政法大学五位资深教授——张晋藩、廉希圣、李德顺、王卫国和卞建林。

今年 87 岁的中国政法大学终身教授张晋藩说："总书记走出

来第一个和我握手，说他看过我的书。总书记很平易近人，和蔼可亲，对老教师很尊重。"

参加主题团日活动——

在学生活动中心一层大厅，民商经济法学院本科二年级 2 班团支部的团员们正在举行主题团日活动。当天活动以"不忘初心跟党走"为主题，在座的 46 位同学正专注热烈地讨论着焦裕禄的纪录片，总书记走了进来，同学们爆发出热烈的掌声。

总书记走进同学们中间，坐下后开始与同学们进行交流，问大家是哪个学院的、哪个班的，然后示意大家继续刚才的讨论。

讨论会上，蔡仁杰向总书记汇报了自己在安徽皖南支教的情况。总书记很感兴趣，又问了好几个问题。

习近平总书记在听大家发言时非常认真，其中有一个细节让大家难以忘怀：当坐在总书记身后的同学发言时，总书记会转过身来，面对着发言的同学聆听。

在听完同学们的发言以后，习近平总书记语重心长地对同学们说，焦裕禄精神跨越时空，永远不会过时，我们要结合时代特点不断将其发扬光大。希望大家矢志不渝，用一生来践行跟党走的理想追求。共青团是党的助手和后备军，要始终保持先进性，广大团员青年坚定跟党走，就是初心。不忘这个初心，是我国广大青年的政治选择，也是我国广大青年的人生航向。

按照原定行程，总书记参加主题团日大概是 15 分钟的时间，然而总书记在与青年的交流过程中，不知不觉时间就延长了，一直谈了 40 多分钟，总书记才与同学们告别，去往位于学生活动中心三楼的座谈会现场。而总书记对青年殷殷的期望、谆谆的嘱托久久萦绕在同学们的心中。

参加座谈会的北京外国语大学党委书记韩震说，总书记对广大青年的谆谆嘱托让他深受教育，总书记说青年人要有理想信念，立志是奋斗的原动力，是理想的定心盘。要立志干大事，而不是当大官；要立志为人民，而不是只顾个人小家，这为青年人指明了人生方向。

座谈会现场——

法大校园里，到处都镌刻着"法治"印记：刻有学校校训的法鼎；一体四翼的主教学楼分别以校训"厚德""明法""格物""致公"命名；学校有宪法大道、婚姻法小径，还有镶嵌着《世界人权宣言》全文的法治广场……

校长黄进说，到中国政法大学考察，体现了总书记对依法治国的高度重视，也是向全世界传递坚定推进全面依法治国的强烈信号。

考察的最后一个环节，习近平总书记和中国政法大学师生、首都法学专家、法治工作者代表、高校负责同志进行座谈。在几位发言者发言过程中，总书记不时和大家互动，讲话时还对每个人的发言进行了点评。

张晋藩教授是座谈会的四位发言者之一，他做了时长 6 分钟、题为"依法治国的历史借鉴问题"的发言。

张晋藩说，总书记讲到了德法互补的问题，提到中国古代的一些法律，讲到管仲、李悝等法家，对一些法家的名言也是信手拈来。

在座谈会的讲话中，习近平着重强调了培养法治人才的重要性，这让时任中国政法大学校长黄进、北京大学法学院院长张守文等法学专家倍感振奋。黄进说，总书记系统深刻全面地阐述了法治人才培养对全面推进依法治国的重要性，强调高校是法治人才培养的第一阵地，对德法兼修的法治人才培养寄予厚望。

北京市朝阳区人民法院奥运村人民法庭庭长刘黎在基层法庭办案十几年，一共审理了 3000 多件民事案件。作为法治工作者代表，刘黎也在座谈会上发言，向总书记汇报了在基层一线办案的心得体会和司法改革以来的巨大变化。

刘黎说，当自己谈到近年来法院案件数量大幅上升、案多人少的矛盾更加突出时，总书记勉励我们，"现实工作中还有一些薄弱环节，可能有群众不够满意的地方，这就是司法人员努力的方向"。

在校园中——

十二时许，考察行程即将结束。总书记从学生活动中心缓缓走出。当时正值下课时间，闻讯而来的师生们站满校园道路内旁，怀着无比炽热、激动的心情争相欢送总书记。当总书记边挥手边走进人群中的那一刻，所有师生发自肺腑地齐声喊出："总书记辛苦了！"

总书记与大家的距离很近很近，所经之处，同学们都亲切地喊着："习总书记好！"习总书记也亲切地向同学们作出回应，他耐心地鼓励同学们："要好好学习！""要努力提升自身本领，立志成长成才！"……有的同学尝试着伸出手去，习总书记亲切地握住伸过来的手，就像朋友见面一样自然。总书记和大家握手时，还不忘转身照顾道路另一侧的同学，他一边握手，一边向远处的师生们挥手致意。

一只手，两只手，上百只手……习总书记没有拒绝伸过来的每一只手，短短的几步路此时显得那么漫长，习总书记始终笑脸以对。同学们一个个握着总书记温暖的手，紧张、感动，又有心疼，心疼总书记鬓角的白发，心疼总书记为国操劳、鞠躬尽瘁……

人群中更是有三位同学别出心裁地喊出了"总书记拥护您，依法治国需要您"的口号，这场"抢戏"的组织者是来自民商经济法学院 1406 班的李姣漪同学。作为校艺术团分团长的她由于天生的艺术细胞和长期指挥合唱的习惯，在等候欢送总书记时就临时起意组织了身边两位并不相识的同学一起商量口号，打算给总书记一个"惊喜"。她们仨绞尽脑汁群策群力希望想出一句完美的口号，从最开始的"总书记我爱您"到"总书记您辛苦，要保重身体"等，历经多个版本，最终定下"总书记拥护您，依法治国需要您"这句响亮的口号，不仅表达出了不忘初心跟党走、坚决拥护习总书记的决心，更彰显了法大学子对法治建设的情有独钟。

在习总书记刚走出学生活动中心大门时，李姣漪便带领着同学朝着总书记的方向一边鼓掌一边喊起了"总书记拥护您，依法治国需要您"的响亮口号。总书记果然被声音所吸引走向了这几位同学并且亲切地与她们握手。

总书记从她们身边走过后，三位同学仍然激动地喊着口号，一直到总书记的车远去时才意犹未尽地停了下来。据李姣漪描述，当时总书记一直沿路和欢送的同学们亲切地握手，还提醒同学们注意安全不要拥挤。和总书记握手时，有的同学尊敬地说道"总书记好"，有的同学体贴地问候"总书记保重身体！您辛苦了"，还有一些同学激动得直接大喊"总书记我爱您"，画面十分温暖热情。

总书记考察法大的日程随着车队驶出学校南门结束了，然而总书记在法大走过的点点滴滴都深深地印在了师生的心中，成为每个法大人记忆中不可磨灭的印记。法大人也将循着总书记指引的方向，按照总书记的要求致力于法学学科建设、法学教育改革、法学人才培养，锐意前行，奋发有为，集全校之力交出一份不负总书记嘱托的答卷。

四校合并，红楼旧梦[*]

李　蕾　　何玮琪

1952 年的高校院系调整不亚于一次规模宏大的洗牌，几乎所有高校都受此影响而结构巨变。北京政法学院也在这些冰冷的、流动着的车水马龙里张望。

北京政法学院自然不是平白无故一夜拔地而起的。

新中国成立后，中央人民政府废除国民党时期的"六法全书"，陆续制定了一系列法律制度。1952 年 6 月，司法改革运动渐兴，在此新旧更替之际，司法人才紧缺，北京政法学院正是在这种背景下应运而生。

差不多同期，中央政府借鉴苏联模式，将中国的高等教育制度同样分为文理科综合性大学和独立的专门性学院。这次大洗牌打破了民国时期多所高校的格局，大多高校都被拆分重组。北京政法学院就是这次洗牌重组的新生儿，她是从北京大学、清华大学、燕京大学和辅仁大学中将政治、法律、哲学、社会学等专业，连带师生、职工以及图书资料等一起分离出来合成的"混血儿"。建校初期，四所大学调入北京政法学院的学生数量以北京大学最多，有 190 人，此外还有清华大学 33 人、燕京大学 33 人、

---

* 作者：李蕾，任职于中国政法大学学生工作部；何玮琪，中国政法大学外国语学院 2017 级本科生。

辅仁大学 25 人；四校调入教师 45 人，其中就有对中国政法大学发展作出重要贡献的钱端升先生。当一众师生以这样意想不到的方式汇聚一堂时，学术的梦想才真的照进了现实，新的时代缓缓打开大门接纳了这些目光热切充满希望的孩子。

这里正有钱端升先生的一个小故事。

钱端升先生当时新任北京政法学院院长，为了让世人知道北京政法学院不是什么名不见经传、胡拼乱凑的学校，也为了让师生职员们安心，他恳切地提笔写信给人民政府的秘书长，呈请毛主席为这所新校题字。或许有人会跳出来笑他猖狂，不过是刚建起来的学校，凭什么拿到毛主席的题字？可是钱端升先生字字深情，他说："我们每一个人都热望我们校门所悬挂的匾额上和我们身胸所佩戴的校徽上，仍有我们所热爱的毛主席所写的字。"仿佛这还不足以表达热切似的，钱端升先生又补上一封信写道，"毛主席已允为我们亲书校匾……我们很盼望毛主席的字能早日给我们……"十余日后，钱先生等来了一封回信，写着："题字已写好，兹送上，请查收。"言语虽简短，却是这个年代最来之不易的爱惜——这字代表着毛主席对学院的重视，也在某种程度上成为学子们、老师们的精神鼓励。纵然一生不和凡调、清清淡淡，钱先生也要因这封回信而激动一回。

北京政法学院的名字从此有了重量，它不再停留在人们的嘴边，它堂堂正正地跻身名校之列，拥有了一席之地。从此响亮地要人们记得，北平沙滩有北京政法。

1952 年 11 月 24 日，经过整整半年的紧张筹建，北京政法学院的成立典礼终于拉开了序幕。此时的校址，还是在最早的沙滩校区，并且还要与北京大学、中央财经学院共用，人员安排相当拥挤，办学条件实在简陋。根据协商，归属北京政法学院的区域是沙滩校区西校门起往东，经过电钟一直到东墙，广场内电钟以北的狭小区域，以及灰楼、活动楼、新灰楼、北楼。北京政法学院的师生在这样极其艰苦的环境下进行了一年的教学。

沙滩校区如今留下的标志性建筑是一幢楼，因其外表的红色砖墙被称为"红楼"。古典文学里的红楼是千年一梦，东奔西顾后不堪一击的倾颓，是绕指尖的柔，乍一眼的春色眉峰。可我们如今谈的红楼，只是红墙朱瓦的红，是承载变革的张扬而盛放的红。

红楼出名，源于"五四"新文化运动。1915年9月，陈独秀在上海创办《青年杂志》，在思想文化领域掀起一场以民主、科学为旗帜，向传统封建思想、道德、文化宣战的新文化运动，揭开了20世纪初中国思想解放运动的序幕。这场运动盛行的校园——北京大学，便筑起了这样一座红楼，用来抚慰白天因交锋奔走而疲惫的灵魂。它宛如历史中一个不变的标尺，立在哪里，哪里就树起一座丰碑。

在这座丰碑的熏陶之下，学子们早出晚归，在红楼与图书馆之间穿梭，手里夹着几本课本，又或是图书馆的哪个架子上翻出的闲书，晚上路过亮着小灯的小摊，灯光与热气蒸出最甜蜜的香，苦中作乐总是显得异于往常的令人欣喜，四季美味靠老师傅祖传的手艺，而开拓进取靠的是全体政法师生的拼搏进取。

这种生活持续到1953年7月，校舍搬迁的消息甫一推出，整个校园都沸腾起来。红楼留在了沙滩，但红楼培养的孩子们则来到蓟门桥迎接下一段不平凡的青春。蓟门烟树，土墙城垛，吱吱呀呀的扶手椅，这些都代表着当今难得一觑的平静。扶手椅好老气，每次都摆个摇摇欲碎的架势，坐上去就要乱响一阵。可大家还是爱抚摸它粗糙不平的木纹，嗅一嗅那熟悉的潮湿味道，那毕竟是大家真切度过一段岁月后，回头可循的不多的证明。

校舍搬迁是政法师生共同书写的一部开拓史。凡先锋，必为前人不敢为之事，留后人景仰之名。学院路校区建成的时候，校园仅有一号楼、二号楼、三号楼，一个食堂、一个礼堂和一个联合楼。"燕京八景"之一的"蓟门烟树"仍在，元大都遗址土城，只留了零星的残石土堆。这里当时已经接近郊区，只要踮一踮脚尖好像就能望见农民的身影和庄稼冒出的尖儿。全院 863 名师生员工就在蓟门烟树、土城和庄稼地的包围中，迈出了开拓法学教育和研究的步伐。

鲜花和掌声在未来等他们，而未来在他们的手里。

收音机里播放的"一纸荒唐言"终于还是戛然而止，像是脆弱的、被轻易掐断的植物根茎，只余一嗓悠长的尾音，跌跌撞撞地扑在小月河边。红楼的一切却不是荒唐梦境，而是北京政法师生人生中的最佳赏味。1954 年 1 月 26 日，新校舍全部竣工，2 月 12 日，北京政法学院全部搬迁完成。

时至今日，回望那段历史，我们仍要感谢当时那一代的法大人如此勇敢坚定、充满希望。法大的文化是集聚历史悠久名校之大成，时间虽不算长，好在文化从一开始就厚植于法大的历史之中，成为当代法大人骨子里骄傲的底气。

时光流转中法大学子共同的家：
记宿舍楼的变迁*

张　珺

　　这里是如歌岁月的承载之地，也是毕生志业起航之处……于代代法大学子而言，母校为家。甫入校园走进的第一个建筑，离开时最后的告别与所待时间累计最长的地方是什么？宿舍，是绝大多数人毫无悬念的答案，是母校大家里的小家。所谓铁打的校园，流水的学子，而那一栋栋古朴的宿舍楼，其实也并非一成不变。时光深处，有点点岁月留痕。

一、从沙滩红楼到学院路：风雨中的港湾

　　1952年，教育部贯彻中央"对政法财经各院系采取适当集中，大力整顿"的指示，决定建立北京政法学院。根据上级指示及筹委会决定，北京政法学院由北京大学、清华大学、燕京大学和辅仁大学等高校的相关专业组成。学院成立时的校址也就设在了北京沙滩原北京大学旧址。宿舍楼和教学楼等，都是与北京大学共用。要容纳600多名学生，宿舍相当拥挤。

　　1953年，根据中央安排，新校址选在北京西土城蓟门桥，即

---

　　* 作者：张珺，中国政法大学政治与公共管理学院2015级本科生。

后来的海淀区学院路 41 号，现在的西土城路 25 号。1954 年 2 月，北京政法学院全部搬迁完成。

那时的宿舍并不是标准化建设，1962 年入学的杨聚章所在的宿舍住了 7 位同学，宿舍里还有双人床。大家比个子，就把身高刻在双人床的床腿上。

后来受到政治运动的影响，北京政法学院 1966 年停止招生，1970 年被撤销。宿舍楼自然也被其他单位占用。

二、从北政到法大：宿舍楼的“破旧”与“破”旧

1978 年北京政法学院复办，仍使用原校舍，在校学生 1700 人。当时全校仅有两栋楼：一栋是集教学、科研和行政等功能于一体的综合楼，另一栋是一号楼，作为学生宿舍。在法大校友袁江的回忆中，“许多第一次远离父母刚刚走出校门的应届高中毕业生，看到如此情景，伤心地流下了眼泪”。

由于在学校被撤销期间，北京市歌舞团、北京市曲艺团等单位把校园“五马分尸”。随着 80 级即将入学，学校用地愈发紧张。北京政法学院几次就归还校舍一事联系当时北京市副市长，但问题始终没有得到解决。到了 9 月份，原定的新生报到时间早已过了，学校却迟迟不能通知 80 级学生推迟后的入学时间。当时有不少 80 级学生曾向当时的《中国法制报》（现为《法治日报》）去信反映此问题，新生家长来电甚至亲自来北京政法学院询问。当时有关负责人不得不披露事实，无法通知开学的原因在于戏校等单位不退还房舍，导致 80 级学生无法住宿。

直到 10 月 20 日，学校复办后的第一批新生才得以入校。经过学校动员，北京本地大约 75 名学生全部走读，而剩下的二号楼内 4 间宿舍住了 31 人，三号楼内 6 间宿舍住了 46 人，六号楼

内 14 间宿舍住了 110 人。为保证正常的教学秩序，学校决定腾出图书馆阅览室作为学生的临时宿舍，一个大阅览室住 84 人。其他 40 平方米大小的小教室内，也住进去了 20 人。而六号楼和教学楼都不是按照学生宿舍设计的，一下子住进这么多人，上厕所、盥洗都十分困难。80 级的张仲芳回忆到，"虽然与当初'天之骄子'的心理预期差距很大，但我们却感到其乐融融"。老师们"传道授业"的热情与同学们对知识的孜孜以求是克服艰苦环境最大的动力。

1983 年 4 月，国务院批准了司法部《关于同意中国政法大学成立的正式报告》。中国政法大学成立后，学校的基本建设工程和原有的校舍回收工作一直抓紧进行。在 83 级学生入学前后，一栋新的学生宿舍楼落成。新的学生宿舍楼总面积约为 7000 平方米，被命名为七号楼。

83 级本科生、现在于法大任教的商磊老师谈到她们入学时的宿舍，一个班 13 个女生在一个大房间一起住。两年后分系，从 13 人间到了 8 人间。8 人宿舍挤得满满的，所以整个宿舍只放了一张桌子，条件比现在差多了。宿舍楼也没有什么名字，就是楼号。

83 级研究生是中国政法大学成立后的首期研究生，他们多数人和年轻教师住在被称为六号楼的筒子楼里。年轻教师会在走廊里起火做饭，就放置了一些做菜用的料酒和大葱。徐家力的法大记忆里，一件趣事就是嘴馋的研究生们趁着夜深人静，"借"老师们的料酒及大葱"会餐"。

后来学校和戏校几次沟通，戏校归还了部分房舍，问题才慢慢平息了下来。

三、在昌平，家是"F（法）"的模样

由于"文化大革命"影响，中国政法大学在学院路的校址在1983 年前后仅剩 150 亩左右，远不能满足学校需要。1984 年，中国政法大学最终选定在昌平择址兴建新校。新校园由国际大地建筑设计事务所设计，兼具中外建筑的特点，学生宿舍楼的朝向均与地球子午线成 45 度角，保证了室内采光。

1987 年 9 月，当年录取的 800 名本科生和 700 名大专生到昌平校区报道，成为昌平校区的首批学生。最初宿舍楼均以数字编号命名，2007 年底教育部本科教学评估时改为现在高雅的"梅兰竹菊"。如今梅园的三栋楼（旧称 1 号楼、2 号楼、3 号楼）便是那时建成的。其后 1988 年又建成了兰园 1 号楼、2 号楼（旧称 4号楼、5 号楼），竹园 1 号楼、2 号楼、3 号楼（旧称 6 号楼、7号楼、8 号楼），1989 年建成了菊园的两栋楼（旧称 9 号楼、9 号楼 B 段）。宿舍楼的布局，是两个字母"F"。

1997 年以前，中国政法大学的规模长期徘徊低位，本科招生人数是司法部所属五所政法院校中最少的，1997 年为 700 人。为满足社会需求，扩大学校影响力，1998 年本科生招生 1400 人。招生人数多了，宿舍空间便有些跟不上，新建宿舍便提上了日程。2003 年建好了兰园 3 号楼、4 号楼（旧称 10 号楼、11 号楼）。于是两个字母"F"成了两个字母"E"。

2007 年昌平校区也进行了一次景观改造工程，新建了宿舍楼区的庭院，调整了教学区的绿化，加入了景观置石，还增添了不少中层开花灌木、地被花卉，以草坪、地被、乔木与灌木混合，速生和慢生植物合理配置，构成了丰富多彩的多层植物混交群落，原本干巴巴的建筑群顿时有了生气。

硬件设施不断进步，管理也要跟得上。2007年公寓中心通过了 ISO9000 国际质量管理体系认证，同步制定、贯彻实施了 ISO9000 国际质量管理体系标准《质量管理分手册》。2011年昌平校区兰园三号、四号学生公寓和学院路校区二号学生公寓顺利通过北京高校标准化学生公寓验收。

宿舍楼在2003年后没有什么大的变化，但点点滴滴小变化不断发生。在这里工作近十年的竹三大爷见证着一个个小改变：以前大家需要去洗衣房洗衣服，后来每层都有了洗衣机；宿舍的走廊里安装了摄像头，宿舍楼全部装了火灾预警器，大家的安全更有保障了……宿舍在变，住在里面的人也发生着改变。兰四的阿姨则记得，刚开始住在这里的是中欧法学院的研究生，后来本科生越来越多，研究生们就搬到了表厂。以前兰二是男生宿舍，后来学校里的女生多了，兰二也住进了女生。

对于2014级、2013级和2012级学生而言，最深刻的体验是经历了空调的从无到有。一位本硕皆在法大、后来留校工作的老师说起这件事十分感慨，自己本科时在校学委会工作，有很多同学建议学校给宿舍装空调，学委会也不断通过提案给学校反映。但因为线路问题，空调的事情从自己读本科时在提，读研究生时在提，后来留校工作时仍在提。经过数十年的努力，学校终于重整宿舍线路，为宿舍装了空调。2013级的同学印象深刻的是，当时夏天太热，风扇开整夜也没什么用，于是宿舍有同学就买了凉席，晚上打地铺。

历数往事，总少不了筚路蓝缕的艰辛与日新月异的进步。而怀抱过一代代法大人的宿舍楼里，最动人的风景一定是人，朝夕相处的舍友、细致温暖的宿管和勤劳认真的保洁员……住在竹二的姑娘们记得宿管张阿姨总是笑着和大家打招呼，无论大事小事，总是帮大家认真解决。张阿姨因病离职前给同学们留下了一封《"胖胖的张阿姨"给"亲爱的宝贝儿们"的信》，给同学们留下无数感动与怀念……这样的故事还有很多。

在新的时代篇章里，故事仍在继续。宿舍的方寸之间，包容过所有法大学子的骄傲与欢笑、辛酸与泪水，也将继续满怀热情，欢迎她朝气蓬勃的孩子们。

鸣谢：竹三宿管、兰一宿管、兰四宿管、商磊老师、学生代表赵同学接受采访。

参考文献

［1］中国政法大学校史编写组编：《中国政法大学校史》，中国政法大学出版社 2002 年版。

［2］解战原、马抗美主编：《永远的法大人》，中国政法大学出版社 2002 年版。

［3］江平口述，陈夏红整理：《沉浮与枯荣：八十自述》，法律出版社 2010 年版。

［4］校团委："张素芳：竹二楼里的'妈妈'【CUPL 正能量第 173 期】"，载 https://www. cupl. edu. cn/info/108 3/36093. htm，最后访问日期：2020 年 8 月 20 日。

［5］法大小石桥：《15 级新生指南——阅读版》。

［6］付付："有什么关于中国政法大学的冷知识？"，载 ht-tps://www. zhi-hu. com/question/55314868？ sort＝created，最后访问日期：2020 年 8 月 20 日。

法大的法与情[*]

江兰馨

法大史——回首向来萧瑟处，也无风雨也无晴

从 1952 年北京政法学院创办至今，中国政法大学已经走过了 68 年的岁月。和世界上其他历史悠久的大学相比，中国政法大学的历史是短暂的，可在这短暂的岁月里，她经历过沧桑，也取得过辉煌，她和中国的法治建设紧密地联系在一起，和中国的命运联系在一起。

1952 年，中国政法大学的前身——北京政法学院成立。她是从北京大学等综合性大学中将政治、法律等专业分离出来单独设立的，是新中国仿照苏联模式对国内院系进行大规模调整和改造的结果，是高等学校丧失教育自主权的缩影与写照。尽管如此，北京政法学院的建立，是法大六十多年历史进程的第一步，在北京政法学院第一代创业者的艰苦努力下，学校稳步发展，并且为新中国培养了一大批急需的政法专业人才。

"文化大革命"结束后，1978 年 7 月，国务院批准北京政法学院就地复办，但当时北京政法学院只有一个留守处，不仅大部分的干部、教师分散在全国各地，而且原来的教室、运动场地、

---

* 作者：江兰馨，中国政法大学国际法学院 2018 级硕士研究生。

宿舍楼、礼堂都被戏曲学校、歌舞团等占有，学校的门窗设施都遭到了破坏。当时的北京政法学院，除了一块牌子，几乎一无所有，但就是在这断坏颓垣、满目疮痍间，北京政法学院实现复办，并在1979年恢复招生。

1979年开始，我国以史为鉴，深刻地认识到了没有无民主的法制，也没有无法制的民主，我国的法制建设进入了恢复和迅速发展的时期。1983年5月7日，中国政法大学举行成立大会，就这样，我国第一所综合性法律大学宣告成立，胡启立在中国政法大学成立大会上指出，中国政法大学的成立标志着我国的法学教育有了自己的最高学府，政法干部的培训工作也将在新的水平上进一步开展起来。

1992年邓小平南方谈话后，我国经济体制改革进一步推进，教育领域也相应地进行调整，逐步淡化学校单一的隶属关系。1998年，《中华人民共和国高等教育法》颁布，明确高等院校的法人地位，强调要扩大高校办学自主权。2000年，国务院办公厅转发教育部等部门《关于调整国务院部门（单位）所属学校管理体制和布局结构实施意见》，明确将包括中国政法大学在内的22所独立建制的普通高等学校划转教育部管理，在时隔三十余年后，中国政法大学又回归教育部主管。

2005年，中国政法大学在经过了十余年的申请之后，教育部最终批复，中国政法大学正式跨入国家"211工程"院校行列。

2012年8月，中国政法大学"应用型、复合型法律人才基地""涉外法律人才基地""西部基层法律人才基地"入选国家首批卓越法律人才教育培养计划。

2013年3月，中国政法大学进入国家首批"2011计划"建设序列。

2017 年 5 月 3 日，在五四青年节来临之际，在中国政法大学建校 65 周年前夕，中共中央总书记、国家主席、中央军委主席习近平来到中国政法大学视察，并对中国政法大学在人才培养、学术研究、社会服务、文化传承、国际交流合作、特色课程教育等方面取得的成就表示肯定。

2017 年 9 月，中国政法大学法学学科入选《世界一流大学和一流学科建设高校及建设学科名单》。

法大情——四年四度军都春，一生一世法大人

2018 年 9 月，我作为研究生新生，再次踏入法大的校园，继续着本科四年的法大人身份。

回想起高考结束后的暑假，我也曾在网上搜索过法大的相关信息，只是因为我是一个对数字天生不敏感的人，看着上面确切的学校占地亩数，脑海中却等价切换为青春偶像剧中校园里那流动不息的绿意、透明灿烂的阳光、宽敞干净的林荫道和沾着露珠的草坪……第一次来法大时，昌平线尚未修建，我从南邵站拖着行李乘坐公交车，怀着憧憬与不安交织的心情，驶向最后的目的站。而当我用十分钟不到的时间就走遍了即将度过四年的大学校园时，之前的幻想与现实的落差确实让我感到有些挫败。可是很快，学院的师兄师姐们热情地涌上来，帮忙办理各种入学手续，购买各种必需物品，搬送笨重的行李，我的内心因这来自"陌生人"的热情而感动。一个师姐带着我去找宿舍，在阳光洒满缝隙的树荫下，她温柔又肯定地对我说："你也会爱上这里。"

春夏秋冬，四季流转，当初那位师姐的模样已经模糊，但是我依旧会想起她的这句话。确实，我也爱上了这里，爱上了这里四季变换的风景，爱上了这里可爱的人。以前曾经在一篇文章里

看人说过北京的春脖子短，春天总是来得悄无声息，走得猝不及防。在你不知不觉埋头走路间，色彩就染遍了校园，作为一个看惯了四季皆绿的南方人，看到春天到来，如瀑的紫藤萝垂满亭台，抽出新绿的嫩柳如幕如烟，总是能想起"最是一年春好处，绝胜烟柳满皇都"的诗句。漫步在校园，抬头总能看到婚姻法广场的长椅上坐着三三两两的人，慵懒肆意地享受着春日的时光，那时候日色很慢，时间很长。一开始，我也曾抱怨过住着六个人的狭小拥挤的宿舍，总是两个人背对着就能撞在一起；也曾抱怨过食堂永远排着长队，稍微晚一点儿就只剩下残羹冷炙；也曾抱怨过逸夫楼晚上十点以后仍然人声鼎沸，歌声笑声吵成一片，一打开教室门就不得清静。而如今，我习惯了每晚熄灯后宿舍六个人在黑夜里敞开心扉，相互调侃，说些开心事，烦心事；习惯了在食堂漫长等待时和其他不相识的同学一起踮起脚打量今天的窗口又出了什么新鲜的菜品；习惯了看书疲惫后推开教室门去打水时抬头就能看到逸夫楼里认真排练唱歌舞蹈的人群，顿时又觉得充满了活力。

或许太多人会认为，法学院永远穿着一丝不苟的衣服，用波澜不惊的表情讲着不近人情的大道理。可是我想告诉他们，法大有着一群可爱的人。宿舍里，我们来自五湖四海，相聚是缘，分享着各自的经历，又一起生活，一起为课堂上老师的风趣幽默而捧腹大笑，一起为期末考试而挑灯夜战，一起为了阿姨检查卫生而兵荒马乱，一起在岁末挤满人群的体育馆里等待着零点的到来，互道祝福，一起在寒冬体测的操场上疯狂尽兴地奔跑，然后相互"搀扶"着走回宿舍；社团里，我们来自不同的学院，不同的专业，不同的年级，我们一起制作宣传海报，一起商量刷寝，一起在周末的清晨七点聚在南门，赶上去往支教地点的公交车，一起和外来民工的孩子们玩耍，然后在疲惫和满足中结伴坐上回校的886路公交车；老乡会里，我们畅所欲言地说着熟悉的乡音，调侃着自己的普通话被人"取笑"的地方，听师兄师姐说着"过来人"的经验，一起出去吃饭，浩浩荡荡地寻找自己家乡的菜馆，仿佛家乡从未远离。他们都是一群可爱的人，我总是在欢笑的时候真诚地这样想，他们都有着纯净的内心，他们不是外人眼里那群冷冰冰的法律人，未来很长，我想和他们一直一直在一起。

在法大，还有另外一群可爱的人。在食堂里，冬天他们挂上军绿色的厚厚的门帘，铺上暖软的坐垫，在吃饭前为我们擦干净桌子，在我们吃完后扫干净地板，他们穿着统一的工作服，但我们早已经熟悉每个窗口的面孔，每次打完饭之后说一句谢谢，总能让阿姨喜笑颜开，他们认真地听取我们的意见，逐条回应我们提出的问题，还举行菜品品鉴，引来一大堆"吃货"的围观。在教室里，他们总是在第一个同学到来前将黑板擦干净，将桌上遗留的占座便条清扫干净，他们总是在最后一个同学离开之后，将地上散落的矿泉水瓶和纸屑清扫干净，然后一间一间地关灯锁门。在校园里，从学校大门到校园小径，他们穿着有些褪色的工作服，在晨曦中将被秋风吹散的银杏叶扫成一堆，在夏日的烈阳下拿着水管浇灌着法大的青青草地，他们用无言的行动，带给我们真实的感动，他们有着平凡人的美丽，有着平凡人的光辉。

你会发现，法大不是以前大家认知中的那种冷冰冰的，没有人情的，只知道背法条、看案例、打辩论的校园。相反，当你看到篮球场上民商经济法学院与国际经济法学院女篮的最终对决声势浩大地拉开，周围的拉拉队高声加油，旁边的擂鼓响彻校园；当你看到各个摄影展上，每一个法大人用自己的真情按下快门记录下属于自己的独家记忆；当你看到白雪皑皑的寒冬，拿着五花八门的创新工具在路上为我们铲雪的穿着训练单衣的国防生；当你看到迎新晚会、元旦晚会、送大四晚会上民乐团、西洋乐团、合唱团、舞蹈团、键盘团、金话筒、戏曲团、话剧团自信从容，各显身手时……你会惊叹，法大是如此的鲜活，如此的富有情感，如此的包容而美丽。

法大法——自由之思想，独立之人格

中国政法大学自成立至今，为国家培养了大量高水平、高素质的政法工作者、法学研究者和教育者，从《民法通则》[1]的起草，到《公司法》《合同法》《物权法》《婚姻法》的制定和修改，共和国几乎每一部重要法律的诞生和颁布，都凝聚着法大人闪光的智慧。一代代的法大人怀揣经国纬政、法泽天下的志向，经世济民、福泽万邦的情怀，在推动中国法治昌明、文明繁荣的道路上孜孜不倦地贡献着，法大培养了他们，同时他们也成为法大最骄傲的勋章。

1952年，刚建立的北京政法学院都没有自己的独立校舍，只能和尚未迁出的北京大学、中央财经学院共用校舍。1954年，全校师生从沙滩搬到学院路后，无论是占地面积还是学生人数，都被调侃是一个"袖珍大学"。但在那个政治运动频繁的年代里，法学学子们用辛勤的双手，将这个逼仄艰苦的地方改造成水清树绿、花开鸟鸣的学术天堂，他们出刊了全校性的学习指导刊物《教学简报》，并且不断改进，专注教学和科研工作，吸引各界法

---

〔1〕 为行文方便，本篇中涉及的我国法律省去"中华人民共和国"字样，例如《中华人民共和国民法通则》简称为《民法通则》。

学学者积极投稿，受到校内外的广泛关注。而1978年政法学院复办之后，学校很大部分被歌舞团、戏曲学校占据，经常是学生晨起早读，他们在一旁吊嗓子；学生上课，他们在外面打锣唱戏；学生自习，他们就舞枪弄剑、跳舞唱歌。舒国滢教授回忆当年时说："或许正是因为这并非清静的声音在四年中一直不曾停歇，我们这些北政一期的学生注定不会像曾经在未名湖畔，水木清华，珞珈山麓甚至歌乐山下念书的学子那样对清静有着来自心底的体认，在大学的生活中，学生们记忆尤深的不是读书和思考的快乐，而是与戏校、歌舞团和曲艺团的锣鼓响动一起构成'狂欢'的激越场景。"与此同时，教室里面没有桌椅板凳，学校就给学生每人发了一个小马扎，拎着去教室上课，双腿便是书桌。但是即使这样狭小简陋的校园，也挫败不了同学们的求学热情，他们异常珍惜这得之不易的上学机会，用加倍的勤奋坚守着自己心中的法治梦，于是才有了数不胜数的79级精英，他们在毕业后的几十年中，投入国家建设的各个领域，成为法治建设的中流砥柱。

正如梅贻琦老先生所言："所谓大学者，非谓有大楼之谓也，有大师之谓也。"82级的张学兵师兄说，"当年的法大或许鲜有大楼，然大师常在。一个学校要有几个大师才能称为好的大学，正是江平老师、张晋藩老师和陈光中老师等一批杰出的泰斗级大师为法大树立了口碑并奠定了在业内的地位"。

如今，法大已经走过了那段艰难的岁月，但是不变的，是经岁月沉淀后传承下来的法律人最坚定的信仰与人格。

我曾有幸慕名聆听过被同学们选为最受欢迎的老师——朱庆育老师和刘家安老师的课程，朱老师曾说："法大的特质是勤奋，低调，自由氛围，还有地处京郊相呼应的边缘意识。"刘家安老师也曾说，"法大最难能可贵的是'自由'。无论是在课堂上，还是在著述研究中，老师们基本能够做到畅所欲言，没有太多的禁忌。法大很少出'御用文人'型学者，许多老师都在身体力行地践行着知识分子批判社会的使命。大学的首要使命是培养健全的人，正如陈寅恪先生说的'自由之思想，独立之人格'。法大的精神气质中是有自由的味道的，在这方小小的校园里，无论你在做什么，都应该拥有自己的思想，不轻信，不盲从，要有怀疑与批判的精神，要致力于塑造自己独立的人格"。

或许在外人眼中，法律人是一个特别热衷于争辩的群体，似乎鸡毛蒜皮的小事也非要用许多的"歪理"争出一个高下才肯罢休，才方显自己法律人的本色。但若你能品读法大走过的曲折而坚定的学术历史，能来听听法大老师的置腹之言，你就能明白，法人所传承下来的法律精神，不是激进的、毫无意义的争辩，而是独立的、有意识的批判，正如法大老师所说，"是批评但不谩骂，激进不失宽容，反叛但不反动"。六十多年来，一代代法律人无不传承着这样的精神，无论环境是艰苦还是富足，无论周围的舆论是谩骂还是褒奖，都求学修身，追求自由思想，独立人格，不做无病之呻吟，而是针砭时弊，有的放矢，理性地批判，这才是作为一个法大人，作为一个为法治建设不断贡献的法大人，真正需要的法的精神，而这也正是法大教给我的，受益终身的准则。

从无到有[*]

——小滇池中的法大变迁

袁梓灏

一、学院路 41 号

1954 年，北京政法学院校舍建成后，全校师生从沙滩北大旧址迁到了学院路 41 号。在刚落户时，学校四周都是庄稼地和坟茔，校园内没有一栋能称得上合格教学楼的建筑。与同在学院路的其他学校相比，北京政法学院无论是学校面积还是学生人数，都排在最末位。但恶劣的条件丝毫没有阻挡当时法大人建设校园的热情，没过几年，数栋教学楼拔地而起，教师结构也构建完善，原本的一块荒地被改造成了颇具风范的大学校园，为今后的中国法学最高学府打下了基础。小滇池便是在这样的背景下修建而成的。

二、军民携手

小滇池的修建充满戏剧性色彩，池如其名，它的产生与云南人民有不可分割的联系。1959 年，第一届全国运动会在北京召

---

　　* 作者：袁梓灏，中国政法大学政治与公共管理学院 2015 级本科生。

开，昆明部队的运动员（以下简称解放军）被安排在北京政法学院驻扎。法大师生热情地款待人民子弟兵，不久后便与来京的解放军们打成一片。当时，解放军官兵们感到虽然法大人很热情，但法大在硬件上却缺少一所大学应有的样子——法大校园狭小，只有寥寥几栋教学楼，而最明显的便是缺少一处校内景观。虽然大学之大在于大师而非大楼，但如果一所大学仅有几栋灰突突的楼房，却也是说不过去的。

于是解放军和法大校领导一拍即合，决定由解放军战士利用训练之余义务帮学校挖一个校内人工湖，以提升学校的"颜值"。听到这个消息，全校师生感到"给母校修容人人有责"，纷纷表示想要参与到小滇池的修建工作中。于是，在1959年3月一个阳光明媚的早晨，教学楼以西、联合楼以南，小滇池的开掘工作就在这里开始了。

要保证修建工作的顺利进行，但又不能占用同学们太多的上课时间，校领导最终决定，全校的同学以班级为单位，轮流与解放军战士一同劳动。由于缺乏资金和经验，挖掘过程并不容易，但这也给了战士和师生们"开脑洞"的机会。挖掘面临的第一个难题就是：挖掘过程中产生的泥土应该如何处理？堆到校内，学校本来就很小了，再堆建筑垃圾就不是修容而是毁容了；堆到校外郊区，拉走这些泥土的费用又是一笔不小的负担。最终，这些泥土终于找到了自己合适的归宿——被堆到了湖中央。这样一来一来解决了建筑垃圾处理问题，二来小滇池增添了一个漂亮的湖心岛。小滇池修建过程中面临的第二个问题是缺少砖块来做边墙。也是天时地利，当时北京城正在开展"拆墙运动"，拆墙过程中产生了大量砖头。于是师生们便把这些砖头拉回学校，也算是废物利用，提前二十年践行可持续发展思想了。

小滇池竣工后，师生们在岸边和湖心岛种上了杨柳和木槿。麻雀虽小，五脏俱全；法大虽小，也有了自己的人工湖。一时间小滇池成为校园内最亮丽的风景。老校友张蔼讪回忆那时的小滇池风景时说道，"下了课，徜徉在绿树果木之间，一汪清水，假山亭台"。

三、旧貌换新颜

与小滇池一同产生的，还有一个美丽的校园。从某种意义上来说，小滇池的产生经历映照了法大的建设过程——筚路蓝缕，从无到有。刚建成的法大占地只有 190 亩，征用了三户农民的农田和坟茔，校内建筑只有北楼、中楼、南楼（现在的 1 号楼、2 号楼、3 号楼）、联合楼、礼堂、两座食堂和两排工棚。而所谓的联合楼，便是"联合了多种功能的楼房"，其功能包括行政、教学、图书馆等。那时上课，小课在联合楼上，大课在礼堂上，条件之艰苦可见一斑。[1]

1956 年年底，钱端升、李进宝、雷洁琼共同向周恩来总理提出了法大校园设施简陋的问题。在周总理的大力支持下，1957 年年底，教学楼主楼正式竣工。主楼以苏式风格建造，小教室可容纳 40 人左右，中教室可容纳 100 人左右，大教室可容纳 200 人左右，从此以后，同学们上课主要都在这里了。到 1962 年，学校又陆续修建了新南楼（4 号楼）、5 号楼、6 号楼，在北边修建了一个正式的校门，门上挂有毛主席亲笔题写的"北京政法学院"木匾。[2]在法大师生的不懈努力下，学校的样貌从此焕然一新。

---

〔1〕 刘杰主编：《法大凝眸：老照片背后的故事》，中国政法大学出版社 2012 年版，第 38 页。

〔2〕 刘杰主编：《法大凝眸：老照片背后的故事》，中国政法大学出版社 2012 年版，第 39 页。

从 1957 年至今：成长中的
法大教学楼[*]

李　萌

　　教学楼无疑是大学里最为核心的职能建筑。一代又一代的名师在这里挥洒着汗水，一届又一届的学子在这里接受知识的熏陶，是一所大学独一无二的标签与名片。从 1957 年法大第一栋教学楼建成全今，法大的各教学楼就和这座美丽的校园一起经历了诸多的成长，它们的建设过程也印证了法大的发展轨迹。

一、问世——法大各教学楼的诞生日记

　　当法大的前身——北京政法学院于 1953 年正式搬迁至北京西北郊土城时，整个学校并没有严格意义上的"教学楼"，只有一栋简陋的、集教学办公于一体的"联合楼"。1956 年，钱端升、雷洁琼等教授在北京高校负责人会议上向周恩来总理提出了校舍紧张的难题，周总理当即答应责成有关方面抓紧解决，这才有了法大第一座教学楼主楼。这座教学楼的意义是特殊的，它凝结了法大初代建设者筚路蓝缕、从零开拓的心血，刻下了"劳动建校"的时代印记：教学楼的图纸是基建科几位老师仿照苏联建筑

---

　　* 作者：李萌，中国政法大学政治与公共管理学院 2015 级本科生。

的范式一笔一笔画出来的；全校师生在学习之余纷纷义务投入教学楼的建设工作之中……在那个物资有限却激情燃烧的岁月，法大第一栋教学楼诞生了。如今，当我们走进研究生院大门，首先映入眼帘的就是这栋教学楼。虽然历经多次修葺，它的外表与最初已有较大不同，但我们依然可以感受到它厚重又庄严的气质。2010年3月，海淀校区开始了新的教学用建筑——综合科研楼的建造工作，综合科研楼集教学与科研于一体，教师们自此拥有了独立的教学科研场所，极大地改善了法大的办学条件。身为"50后"的教学楼主楼与身为"00后"的综合科研楼，一如质朴沉稳的长者与时尚又有活力的年轻后辈一般，携手为法大师生提供服务。

现在，再将目光移向法大昌平校区。昌平校区是法大的新校区，也是如今法大"本部"之所在。昌平校区的建设于1986年4月正式开工，兼具中外建筑的特点。其中最有新意的一点是，教学楼的朝向均与地球子午线成45°角，有效地保障了室内的采光。1988年，教学楼的A、B、C段建成，学生们在A段上课，教工在B段办公，C段则为教辅楼。随着办学规模的不断扩大，2000年昌平校区建造了D段，2003年又建成了E段。A、B、C、D、E段之间均有塔楼相连接，相互贯通，十分便利。2007年，由校园文化建设办公室提议，经过调查报告、网上征求意见等一系列民主流程，以"名人与历史、厚德以立命、格物以求真、致公以为民、明法以治国"为主题对昌平校区教学楼进行了更名，教学楼A、B、C、D、E分别改为如今耳熟能详的端升楼、厚德楼、格物楼、致公楼、明法楼。2011年，法大拥有了校园中最年轻的教学楼——逸夫楼。与海淀研究生院的综合科研楼类似，逸夫楼实际上也是综合性建筑，除了教学用途，还是一栋科研用建筑物，它还拥有刘皇发学术报告厅和两个小展厅，因此一直以来都是年轻的学生们举行社团活动、排练节目的"宝地"。

二、焕新——最钟情的那抹法大红

法大教学楼赋予师生们的记忆是活泼又多样的。在较长一段时间里，随着法大教学楼一同印在法大师生脑海中的记忆不仅包括了一堂堂幽默风趣、妙语连珠的课程，一次次专心致志、全神贯注的自习，还有一些年代剧或电影的存在。在法大学子们的口中，曾流传过这样一个段子："为什么在昌平的校园里常能看见在拍摄 20 世纪 80 年代剧的剧组呢？当然是因为没有比法大看起来更像 20 世纪 80 年代的学校啦。"法大昌平校区的建筑，无论是教学楼还是宿舍楼，多为 20 世纪 80 年代的建筑风格，即使是 2000 年后才建成的致公楼与明法楼，为了与之前建造的端升楼、厚德楼和格物楼相协调，也采用了同样简单质朴的建筑设计风格。看起来并不算高的四层高度，四四方方略显严肃的造型，米黄色的外墙……这些都曾在法大人的记忆中留下深刻的"80 年代印象感"。然而，如今的法大，已经不再是老照片中泛黄甚至有些古旧的模样了。

从 2015 年的暑期开始，出于为广大法大师生提供更加优美的校园环境和带来更好的视觉享受的初衷，昌平校区各大教学楼翻修、维护工程有条不紊地展开。除对教学楼内部原有的装修进行翻新之外，一个重要的举措就是重新粉刷教学楼外墙。从位于最外侧的端升楼开始，在一年多的时间里，各个教学楼陆陆续续地换上了与法大校徽相配套的、在保持稳重大气的同时又不失活力感的全新朱红色墙皮。从米黄色到朱红色，法大的教学楼们穿上了统一的新衣，焕发出朝气蓬勃的光彩。在阳光的照耀下，教学楼朱红色的外墙与校园中众多的绿荫相映成趣，宛若一幅鲜艳的油彩画，美不胜收。从 2015 届新生开始，在其后每一届法大人的视野中，充满 20 世纪 80 年代"复古"感的教学楼形象就永远成为历史，取而代之的是富有现代气息和时尚感的全新面貌。值得一提的是，昌平校区教学楼的新配色，与海淀研究生院以综合科研楼为代表的朱红色色调实现了同步，两个校区的外貌与风格也更加接近了。

朱红色，已经正式成为法大的代表色；而法大的那一抹朱红，难道不像是法律人内心的赤诚之色吗？

三、蜕变——与时俱进，继往开来

除了"外貌"上的新变化，法大的教学楼正在并且在未来也将更充分地实现实质功能上的创新与蜕变。其中，"智慧教学楼"的出现，在法大教学楼的建设历史上无疑具有里程碑式的意义。

从 2016 年开始，法大正式启动了以"智慧教室"为主题的教学环境改造工作。"智慧教室"改造工程的目的，简单概括而言，即通过对法大具体教学环境的重构，改变传统的课堂中以教师为主、学生为辅的教学模式。传统课堂教学模式的弊端是相当明显的，在普通的教室中，尤其是较大的教室，老师与学生之间不方便交流，学生与学生之间也不方便讨论，教师与学生之间"最有效""最直接"的沟通桥梁通常只是黑板板书与 PPT 课件。法大正是为了将师生从这种被动的"传授"与"接受"关系中解放出来，才投入大量的资源进行了"智慧教室"的建设工作。2017 年 4 月 6 日，位于法大昌平校区的格物楼成为法大首栋拥有"智慧教学楼"新名字的教学楼。格物楼原有的传统教室被"智慧教室"取代，包括全景教室、双轨教室、扇形教室等众多以现代科技为支撑的全新教室，为提高师生间有效互动率和实现课堂教学的 3D 化提供了有益尝试。"智慧教学楼"不只是使用了新型的桌椅、新型的教室装修风格，更有着众多突出的优势。例如，"智慧教学楼"具有显著的智能性，它利用物联网技术，可以有效地实现对各个教室教学设备的教室本地和控制中心的双管理，进行远程、自动化的控制，从而有效地降低电子设备的管理成本；无线投射技术方便移动终端等信息的及时展示，方便教室内每一位学习者的分享与交流；它具有个性，可以定制开发每个教室各自的预约系统与课表信息的发布，只需要通过学生"一卡通"就可以实现无缝对接；它还体现了法大一贯具有的人文关怀，出于对师生身体健康的考量，"智慧教室"配备了可以实时监控教室内空气质量的新风系统，在空气质量达不到一定标准时就自动地进行换风及过滤工作，且教室全部采用硅藻泥内墙环保装饰壁材，可以有效实现消除甲醛、防火阻燃等目标，为师生们的健康保驾护航……也正是如此，它才真正算得上拥有了"智慧"。可以预见的是，随着法大未来的进一步发展，"智慧教学楼"将会持续发光发热，造福越来越多的法大师生！

在 60 多年的岁月中，法大的校园发生了诸多变化。新的教学楼拔地而起，旧的教学楼焕发新颜，然而凝结在其中从未变化的，是法大对于不断提高办学质量、不断提高师生幸福感的努力追求。端升楼、厚德楼、明法楼、格物楼、致公楼、逸夫楼、综合科研楼……它们将成为法大每一步成长中永恒的见证者。

参考文献

[1] 中国政法大学资产管理处：《中国政法大学土地及建筑物统计表》。

［2］中国政法大学校史编写组编：《中国政法大学校史》，中国政法大学出版社 2002 年版。

［3］刘杰主编：《法大凝眸：老照片背后的故事》，中国政法大学出版社 2012 年版。

［4］刘长敏主编：《甲子华章：中国政法大学校史（1952—2012）》，中国政法大学出版社 2012 年版。

［5］法大微信第 20161119 期。

［6］"大力推进信息化建设　提升整体办学水平——我校智慧教室教学楼正式启用"，载 http://news. cupl. edu. cn/info/1020/23582. htm，最后访问日期：2020 年 11 月 2 日。

滇池梦回，几度春秋[*]

李　蕾　　何玮琪

"小滇池是学生最喜欢去的地方，课间、晚上、周末都有三三两两的学生在岸边的柳树和木槿花之间徜徉，坐在岸边看书聊天；虽然不敢公开谈恋爱，但人之常情却在这里悄悄荡漾着。到了冬天还能在里面练习滑冰，让南方来的学生大开眼界。那是一个能够滋润心田的地方。"说到校园里的小滇池，曾经是在校生的张蔼灿仍然充满感慨。

小滇池虽小，却成为法大最具特征的标志之一，悄无声息地为学术氛围浓厚的校园增添了一抹独特的鲜活与明艳。

老旧城墙的砖瓦砌成人工湖的边墙，没在泥渣土屑里的指尖和灰蒙蒙的掌心描摹出它最初的样貌。尔后树木成荫，鲜花吐出芽苞，舒展了身体，舒适地躺入春天的怀抱。垂柳长长的枝条奋拉着拂开了湖面，皴裂的湖水背着好天气恩泽的阳光飞快地逃向更远的地方，涟涟湖水拖了一线尾巴，荡开一圈一圈的波纹。无论是临岸还是登岛，此处风景都是别处难得一见的好。

等到秋冬，或许湖面会结一层厚厚的冰，学生们站在远处的阴影里，望着冬日阳光落在冰面上又跳动起来，活脱脱一把碎了

---

[*] 作者：李蕾，任职于中国政法大学学生工作部；何玮琪，中国政法大学外国语学院 2017 级本科生。

的珠串，叮呤咣啷地乱飞。兴致来了甚至叫上三两伙伴一起滑冰，冻得鼻尖和脸都红了也还是大声地笑。小滇池还是美啊，即使秋天草木枯黄了，大家也还爱在小滇池旁逡巡，冬日午后的约定也仍然要带上小滇池的名字。它是校园里一缕缱绻的柔情，羽毛似的包裹住每个人。

说到它的来历，那还是 1959 年第一届全运会在北京举行的时候。当时北京宾馆紧缺，昆明部队的运动员被安排在北京政法学院里面驻扎。他们在训练比赛之余，帮助学校挖了一个人工湖，一部分在校生每天排着队参与挖掘小滇池的劳动，去新街口豁口搬墙砖，把砖料装在学校唯一的卡车上运回学校，砌成小滇池的边墙；另一部分学生与解放军官兵一起在空地上挖坑，并将挖出的泥土堆到湖中央形成一个湖心岛。因为是昆明部队提议并修建，所以命名为"小滇池"。提起小滇池，大家总要兴奋地赞叹：那真是个美极了的地方，湖水沉默地流动，岸边有镂空的矮矮的花墙，湖心岛和岸边还有刚种的垂柳和木槿花。

作为一个人工湖，小滇池清澈的水来自一口机井，在现在"法治天下"碑的下面。那时北京的水很充足，这口井里的水又多又清，学校的自来水就来自这里，这口井不仅可供全校人用水，还能给小滇池、游泳池蓄水。

大家总觉得自己生活的校园更需要装点，好像怎么也停止不了对美的期待：北门外又种上了杨树，几栋宿舍楼之间栽上了核桃树和枣树，小滇池和操场之间开辟出一个桃源，联合楼的北边还有一个葡萄园，礼堂旁的空地种满了各种花，花期一到，全校都要来观赏。

实际上，劳动建校的故事里，小滇池并不是个例，在政法师生共同的劳动中，校园的建筑也发生了极大的变化。

先说大礼堂。礼堂始建于 1953 年，是校园中最早的建筑。苏式风格，结构实用简单，装饰大气简洁。大礼堂开始使用时，里面放置的都是古旧的扶手椅，场地是水平的，可以举行舞会。初建时舞台很小，和台上放扩音设备的小房齐平，用一个木梯搭到舞台上。由于不便使用，后将舞台向前延伸加大了许多，修建了两边的台阶，就成了现在的样子。

礼堂在某种意义上也是一个课堂。院长钱端升教授在这里讲宪法，副教务长雷洁琼教授在大礼堂讲婚姻法，无数的学者在礼堂举办讲座和报告。每逢周末礼堂放电影，票价仅五分钱或一角钱。节假日，文工团的演出永远是师生最爱的娱乐活动。从这里发出了许许多多不甘沉寂的声音，直到很久之后，这里仍然有师者激昂陈词指点江山的影子，仍然有那样热烈的掌声。

再说联合楼。联合楼是建校初期最早建成的一批楼，所谓联合楼，其实是说这栋楼综合多种功能，使命不凡。学校所有的机构都设在这栋三层的小楼里，学生上课也在这栋楼里。一层西头是医务室，东头是中教室，中间是政治部、总务处的办公室。二层是教务处、人事处的办公室，两头是大教室，每个教室里面都是扶手椅。三层东半部分是图书馆和阅览室，西头是苏联专家办公室。整个安排都显示出当时校舍资源的紧张，校领导为此也多次提出申请要解决这一难题。

1958 年学院路校区教学楼终于竣工。教学楼建成后就取代联合楼成为当时校园最宏伟的建筑。其中的教室分为三种：小教室可以容纳 30—40 人，中教室可以容纳 90—100 人，副楼的大教室可以容纳 200 人左右。同学们终于拥有了崭新的教学楼，最开始个个都是带着一种不自知的喜色去上课的，楼新了，人的心情也明媚起来。回忆起当时的日子，大家都不免想起某些晚上爆满得无处落脚的教室，大家抱着书争着抢着要去一睹顶尖学者的风范，教学楼向来是这样的热闹。

赵相林老师（1961 年入校，1965 年毕业留校任教，20 世纪 90 年代曾任副校长）回忆说："曾记得钱端升院长说过的一句话：'我们不是大学，我们是二学。'意思是说我们的学校规模很小。建校初期一年只招三四百人，四年才一千多人，也没有研究生。和八大学院相比，我们学校被称为'袖珍大学'，是学院路上最小的一个院校。但是，我们学校这个小院子卫生、环境特别好，年年被市里评优，被海淀区评为先进校园。学校规模小，所以管理得比较好。在校园里感觉很舒服，适宜学习。"这就是小而精的法大校园，尽管规模不大，却始终在暗暗地攒足了劲儿，每个人都想着发光发热，每个人都把一颗心系在这校园上，再说这校园里有湖光天色，有草木逢春的生气，还有心里的一腔柔情。建校虽苦，师生们却也借此更加紧密地联系在了一起，一起共享汗水和果实的日子远比日日欢愉来得珍贵。

后来，这些极具标志性的建筑多少都被停用或者废弃，小滇池也因为种种原因慢慢地变成了一潭死水，枯涸的小湖露出丑陋的大坑，杂草鸠占鹊巢。后来在小滇池的位置盖起了一座图书馆，它替小滇池来守着更替的校园。当初的岁月自然值得追忆，但它们就应该留在过去，更加精彩漂亮的永远是未来，是被允许的可能性。所以在为旧日建筑逐渐消失而扼腕之际，不妨抬头看看现在的蓝天，放眼望望现在的校园，法大人的精气神不是早就传承下来，流淌在你我之间了么？

法大为家*

刘美诚

梁淑英教授谈及法大时曾说："人生有三个母亲，养育我的妈妈、汲取知识的母校和保护一世平安的祖国。"对每一个法大人而言，军都山下四载春秋，不大的校园不仅是我们学习和生活的瓦尔登湖，其丰厚的底蕴积淀更是我们精神的栖息之所，是我们求学路上一个温暖的家。夹道丰茂的银杏是篱落疏竹，星罗点缀的花园是盆栽逸景，还有慈蔼的老师、可爱的同学是我们在法大相濡以沫的家人。家或许不大，但温暖不曾稍减，而作为"大家"中的"小家"，学生公寓的每一栋楼、每一间屋则更真切地见证着法大人的努力、蜕变与成长。

现在的昌平校区，共有 12 栋宿舍楼，在 2007 年底按照梅兰竹菊依次命名。建筑不大，甚至有些拥挤，但微波炉、洗衣机、甩干机、空调等设施的加入，为学生们的日常生活提供了方便，可谓"麻雀虽小，五脏俱全"。即便作为历经风雨的学院路校区，如今也焕发了生机。2009 年开始修建的新一号宿舍楼如今已投入使用。由于地狭人稠，寸土寸金的城区已没有宽敞的地皮来建设新的公寓楼，因此整个建筑呈"工"字形穿插于学校的西侧，并充分利用纵向空间，共设地下 3 层和地上 17 层，以满足学生们学

＊ 作者：刘美诚，中国政法大学政治与公共管理学院 2015 级本科生。

习和生活的需要。

然而，当我们居住着整洁明亮的公寓，使用着方便快捷的设施时，或许难以想象，在法大以及政法学院曾经的久远岁月里，"小家"的生活用"环堵萧然，不避风日"来形容，竟也有些许贴切。

自 1970 年学院被撤销后，校园里先后迁进了北京市第 174 中学、戏曲学校、歌舞团、曲艺团、北京市文化局读书班等单位。大部分的校舍都被这些"文化单位"占用作为练功房和宿舍。更甚者，这些单位在本就拥挤的小校园内盖起了新楼房，连操场都被改建成家属楼。走在校园里，随处可见的是敲鼓、拉二胡的老人，踢腿练功的小孩以及挺胸迈着舞蹈步的少年。昔日那个鸟语花香，安静整洁的校园不见了，变得荒芜破败，嘈杂鼎沸，仿佛一个拥挤的菜场。波光粼粼的小滇池早已干涸，20 世纪 60 年代师生们自己建设的游泳池也被填平，目光所及全是飞扬的尘土和破碎的瓦砾，令人伤感。

复办的过程是艰辛的，虽然北京政法学院已得到北京市委的同意，仍旧用原校舍，北京市委也同意文化局等单位撤出所占校舍，但截至 1979 年恢复招生时，学校仍然只要回了宿舍楼 1 号楼、小食堂和教学楼的部分楼层，原有建筑面积 34 000 平方米中，北京政法学院仅能使用 15 000 多平方米，不足全部建筑面积的一半，以至于复办后的首届 400 多名学生，不得不每天在鼓瑟吹笙、歌舞喧器中开始他们的学习和生活。

据赵克俭老师回忆，"学生来了只有 1 号宿舍楼，不够住，只能把图书馆阅览室腾出来作为学生的临时宿舍，放上许多双层的铁床，一个大阅览室住了 84 个人，这样才勉强解决了住宿问题"。

79 级本科生、现任丹麦豪碧公司总裁的闫计栓也回忆道："当时整个学校只有一栋教学楼、一栋宿舍楼和一个食堂，其他的校舍都被别的单位占据了，住宿条件非常紧张。"由于占据校舍的是北京戏曲学校、北京歌舞团等文艺单位，所以整个校园经常是读书声、唱歌声、锣鼓声混杂，回忆起那时的学习生活，很多校友都连连自嘲是"从歌声鼓声中成长起来的法律人"。同样作为复办后最早的三届法学生中的一员，著名律师张用江回忆，那时的学习环境十分的艰苦，由于宿舍楼还没有建成，他们在老师的住房里住了近一年半。

如果说 79 级学生少，问题还不够突出，那么到 80 级新生入学时，住宿问题就非常之突出了。1980 年 9 月，原定的新生报到时间早已过了，学校却迟迟不能通知 80 级新生具体的入学时间。根据时任校长江平先生回忆，当时不少 80 级新生曾向《中国法制报》（现为《法治日报》）去信反映此问题，不少新生家长也来电甚至亲自来北京政法学院询问。《中国法制报》专门派记者来学院采访，当时有关负责人只好据实披露事实，指出无法通知新生开学的原因在于校内的一些单位不退还校舍，导致新生无处住宿，并说 10 月一定开学，如果届时住宿问题仍不能解决，只好安排新生暂时在大餐厅和走廊等地方住宿。新生入校后，到了开饭时间，餐厅里竟全无立锥之地，条件之艰苦，实在是校史上最悲壮的一页。

实际上，同样床头屋漏的还有当时的青年教师，尤其是 1983 年开始读研究生、1986 年毕业留校的那批青年教师，尽管是被当作将来的教学骨干来培养，但当时他们最急迫的问题，是没有地方住。作为暂时的安置，学校给他们分的住处都在 4 号楼，事实上只能称得上是一个简易棚。

为了改善学校物质匮乏、资源紧张的局面，学校领导积极向有关部门反映情况，争取资助，学校在短短4年之内先后"收复"了几栋楼房，又兴建了图书馆和新的宿舍，几年之后学校的校舍问题才逐渐得到好转。

1983年4月，国务院批准了司法部《关于同意中国政法大学成立的正式报告》，但中央和国务院刚刚批准了北京市的总体规划，规定原则上一律不能在市内建设大型学校。根据葛俊民回忆，当时对于迁址郊区，很多教职工十分不情愿，很多人提出直接在老校区盖高楼大厦，但这份方案被送到北京规划局，规划局却十分恼火地回复："你们想干什么！"面对这样残酷的现实，学校只得向外谋求发展。

1986年6月，昌平校区的建设开始动工。1987年，新校区迎来了首批学生，也就是赠送"拓荒牛"雕塑的87级校友。最初几届昌平校区的学生像拓荒者，为法大带去生机和绿意，据88级校友、现任安徽省阜阳市人民检察院检察长包来友回忆，那时候教工宿舍在建，体育场未建，图书馆也尚未完工，只有阶梯教室、食堂和几栋"之"字形的宿舍楼。尽管如此，大家学习的劲头依然十分饱满。

之后的3年，又有5栋宿舍楼陆续落成。到2003年，兰园3号、4号楼也逐步建好投入使用，条件越来越好，生活也越来越方便。不堪回首的往事终于飘散在昨天的日历上，同学们不再需要为住宿条件而发愁，新公寓里开始有了新的故事。"我们住在7号楼（现竹园2号楼），距离8号楼（现竹园3号楼）仅一墙之隔。所以很多个晚上，在6号楼、7号楼、8号楼（现竹园1号楼、2号楼、3号楼）共享的浪漫小花园里，常常听见某位勇士拿着吉他朝女生楼边弹边喊，他身后的兄弟也不时鼓劲，或是从楼上丢下小额的钞票：'兄弟，再来一个！'"2005级校友王慧深情回忆，"很多人没有去诗意地想过为什么宿舍楼都是连在一起的，在这些长长的连在一起的宿舍楼里，很多人找到了自己的友谊和爱情。生活也就这样一页页地翻过。"

2004年，基于对学生安全考虑，学校决定将学生宿舍中遗留的旧床换成新床。"以前因为经济情况不允许，一直是用在床板下加安全带的方法予以维修，后来在逐步更换中宿舍里基本上有三种床：第一种是要被逐步更换的蓝色旧床；第二种是替换蓝床的灰色的新床；第三种就是自1987年建校就有的壁挂床。换下的旧床打算公开拍卖，拍卖所得的资金回归，作为设备的维修和更新的费用。"时任资产管理处副处长李建防介绍说。

同样，学院路老校区的公寓建设也逐步提上日程。新公寓已在2010年投入使用，地下设有车库，浴室以及体育运动场所。车库分为机动车库和自行车库，浴室位于地下1层，共设188个喷淋，地下2层设有羽毛球场、乒乓球场、健身房等设施，可供广大师生开展体育活动。1层至4层安装有中央空调，5层至17层装有吊顶电风扇，且设有空调插孔，可以满足同学们安装空调的需求。装潢风格素雅大方，走廊在瓷砖的衬托下显得整洁而敞亮，宿舍安有枣红色木门。宿舍基本为四人间，为上床下桌的配置。共用床梯、增加的书架加上落地阳台门和阳台窗都是十分人性化的设计。此外，宿舍安装有4盏日光灯、4个网口、8个电源插孔、1个有线电视接口以及1个可以控温的暖气。封闭式阳台则安有晾衣杆，在宿舍投入使用之前还会安装窗帘。公寓楼每层设洗漱间4个，其中安装的不锈钢洗手池配有感应出水龙头，还可调整角度，便捷实用。洗漱间预留有电源插座和水管接口，为以后增加洗衣机和开水机提供了条件。公寓每层还设置1个活动室，约有两个宿舍大小。

军都山下，法大为家。不得不说，作为一个"袖珍"家，法大从未停止为我们创造温暖。"师生为本，服务至上"是中国政法大学后勤服务始终坚持的核心理念。多年来，后勤工作者们始终兢兢业业，默默无闻，守护着师生，呵护着法大，维系着这样一个共同的家。

参考文献

［1］"大力推进信息化建设　提升整体办学水平——我校智慧教室教学楼正式启用"，载 http://news.cupl.edu.cn/info/1020/23582.htm，最后访问日期：2020 年 11 月 5 日。

课比天大 [*]

——艰辛岁月彰显法大精神

赵亮鑫

今天，每个步入中国政法大学昌平校区端升楼的人，都会为那块悬在中央的木匾驻足——"课比天大"，它时刻提醒着每一位师生何为治学应有的态度。这一法大精神的薪火相传，已历经六十余载，让我们拨动时间的齿轮，回到四十年前，探寻艰辛岁月里法大人如何彰显法大精神。

中国政法大学的前身——北京政法学院自 1952 年成立伊始，便历尽坎坷。从最初一穷二白，与北京大学共用沙滩校区一年有余，到白手起家，完成海淀校区的建设，再到锐意革新，全面转变为本科教育，她仅仅用了三年。然而，正当一切都欣欣向荣之时，随之而来的一系列政治运动几乎摧毁了这个年轻的学校。1957 年起，连续的"整风""反右""大跃进""文化大革命"，无不使她卷入其中，1970 年，她被正式撤销，新中国刚刚起步的政法教育也随之彻底中断。直到 1978 年，中央作出北京政法学院复办的指示，她才再一次焕发出生机。

1978 年，北京政法学院复办之时，今天的法大终身教授江平

---

[*] 作者：赵亮鑫，中国政法大学法律硕士学院 2018 级硕士研究生。

先生，当时因为生活所迫，还是一位外语教师。自 1956 年进入北京政法学院以来，他经历了被划为"右派"，离婚，失去一条小腿，下放"五七干校"劳动等种种打击和痛苦。北京政法学院复办之前，中国社科院法学研究所曾邀请他去工作，这对辗转于外语教学无法施展拳脚的他可谓天赐良机，他也欣然接受。然而不久传来北京政法学院复办的消息，相比之下，社科院的职位较之于尚待复办的政法学院，更加稳定有保障。但是江平先生毅然选择了后者，不仅仅是对政法学院的感情积淀，更是因为这里还有求知的学生等着他指点。上课，比什么都重要。如江平先生一般敬业的教师，在当时的政法学院还有很多很多。

北京政法学院复办后，面临的一个巨大的问题就是无房可用。在被撤销的几年间，之前的校舍已经被其他单位占用，需要多方协调收回。几经周折，复办之初，仅仅收回了 15 000 平方米左右的校舍，较之于原有的 34 000 平方米，损失了一半还多。虽然 79 级新生人数不多，还勉强可以维持，但也给教学带来了影响。占用校舍的其他单位多为北京市文化局下属的戏曲学校，校园处在他们的包围之中，政法学院的学生在晨读上课时，往往会从窗外传来敲锣、打鼓、吊嗓子的声音。然而 80 级新生人数骤增，使得狭小的校园立刻捉襟见肘。宿舍不够，只能在有限的房间里挤进更多的人，除了卧榻，没有一点多余的空间。部分学生只能住在教学楼底层的图书馆和办公楼里，厕所和洗脸间大排长龙。然而，宿舍的局促只是艰辛岁月在生活上的小小缩影，真正的苦难还在后面。

复办后紧锣密鼓地开始正常教学，然而这"正常"教学却处处透出"不正常"。

其一，是课程的贫乏。过往的法学课程中，往往是讲授政策类的问题，与政治形势结合紧密，同时对西方的法律进行批判，并没有系统的、真正的法学教育。复办之时，已然改革开放，全民思想大解放的时代，法学自然不能墨守成规。因而，出现了大量"新型"法学课程，西方的法律也不再是学习的禁区。

其二，是教材的稀缺。不像今天有琳琅满目的法学教材，在当时，既没有国家统一编纂的教科书，也没有学者自己撰写的著作，更没有国外引入的专著。教材的困境并没有难倒当时的法大人，既然没有现成的，那就自己动手编写，不可让学生无法上课。于是，各个教研室的首要任务便是编写本学科的教材，由学校的印刷厂印刷后发给学生。但毕竟是现编现印，往往课程结束，教材还没发下来。

其三，是硬件的简陋。虽然教室收回了一些，但是仅仅只是几间空屋而已，桌椅板凳严重不足，根本无法满足学生的需求。同时由于物资经费的短缺，在政治运动中几乎全部破碎的玻璃也无法更换。但是没有什么能够阻挡法大人对知识的向往，没有桌椅，就一人一个马扎上课，腿就是桌子。老师在前面慷慨激昂地讲授，学生在下面聚精会神地聆听，寒风想从破碎的窗户钻进来，可是被钉在窗户上的木板挡在屋外。无论多么艰苦的条件都无法阻挡法大人对知识的敬重与渴求。

这样的艰辛岁月，我们当然不再会经历。然而当时的法大人的精神，却在一代代法大人之间传承。"课比天大"，简单却有力的四个字，是这座法学最高学府送给每个法大人的箴言。

中国政法大学图书馆：掩卷遐思处，
典籍文法藏*

闫雪晴

  法大图书馆分作两处：学院路校区图书馆和昌平校区图书馆，昌平校区图书馆则有文渊阁和法渊阁两个馆舍。图书馆的三座馆舍各自居于学校一隅，日复一日，注视着校园中来来往往的学生，他们或是遨游于书海之中难以自拔，或是遇难题而前来借鉴先辈的智慧，又或是在静谧的环境中自习钻研……此时与彼时的智慧相会于此，碰撞激荡，法大图书馆带给每一名法大人的奇妙缘分由此开始。

  对于法大图书馆的直观了解，大概可以用这样一串数字表示：2 个分馆、3 座馆舍、10 余个阅览室、网络资源全年每天 24 小时不间断服务、阅览室每周开放 94 小时、自习室每周开放 112 小时、供免费使用的 250 多台电脑、1500 余个阅览座位、总面积 20 390 平方米，昌平校区法渊阁共有图书 239.56 万册、期刊 10.53 万册、学位论文 7992 册、数据库 40 个，2018 年全年进馆总人次 95.59 万次、全年图书借出 29.38 万册……这些数字的背后，凝聚着一代代法大图书馆建设者的故事。

---

  * 作者：闫雪晴，中国政法大学刑事司法学院 2020 级硕士研究生。

　　法大图书馆的故事，还要从 67 年前讲起。

　　中国政法大学图书馆前身是 1952 年成立的北京政法学院图书馆，1978 年学校复办后不断发展，成为全国政法院校图书馆协作委员会主任馆、中国高等教育文献保障系统成员馆，是新中国成立后国内最早建立的以政治法律资料信息为重点的高校图书馆。至今，当年的北京政法学院图书馆已成为中国政法大学学院路校区图书馆，馆名由启功先生题字，伴随学院路校区的学子们走过一个个秋冬春夏。

图 1　学院路校区启功先生题字的图书馆

　　1985 年，学校开辟昌平校区，法大昌平校区图书馆的建设自然也在筹备之列。彼时的图书馆还没有"法渊阁"的名称，至于"文渊阁"更是近二十年后的事情。

　　李建红是法大图书馆的资深老师，更是学院路校区图书馆与昌平校区图书馆搬迁的见证者之一，她回忆起 1988 年时在法大图书馆的工作经历，感情深厚，"初时我在图书馆工作的十四年，首先从将学院路图书搬至昌平开始，我挎着几个大书库的有副本的藏书，编写目录卡片提书打捆，连干了半年，终于把学院路老馆里的藏书往昌平搬得差不多了，首批入校的 87 级、88 级学生，终于在京城遥远的卫星城里有精神食粮可餐了。干完了这个大活儿后，我转战至外文阅览室，终于在老法律库坚守下来，守在三尺借阅台服务师生，除借还书之外的工作，我还补了好多缺皮儿掉页开裂的书，如今那些补过的书、抄过的卡片依然在馆里可查可看。一晃多年过去，当我想起中文编目、典藏、综合书库、样本书阅览室等多部门的岗位，当时工作的场景历历在目，对图书馆的感情自不必说。"

图 2　昌平校区法渊阁图书馆

这座 1990 年底投入使用的图书馆，似乎和法大学子一般有着动静皆宜的相似性格。未进入法渊阁前，是一层复一层的台阶。在这里，多少新生带着稚嫩的脸庞与憧憬的目光拍下与法大的第一张合影，又有多少毕业生身穿学士服在六月夏夜中高歌，或是相拥着留下毕业纪念。逐级走上台阶，门内是有着"亚洲最大法学图书馆"之称的学习胜地，法大学子在先贤的智慧中恣意遨游、探索着未知的法学海洋。她是一座图书馆，可她又不仅仅是一座图书馆。在时间的循环往复中，她见证着一届又一届法大人的故事，那些陌生的面孔做着法大人所熟悉的事情，春来暑往，她又成为法大人大学生活中难以忘怀的记忆与陪伴。

"8年来，回过几次昌平校区，每次都要到图书馆台阶上坐一坐，如果时间允许，天气适宜，会一直坐到晚上，等月亮从主楼楼顶冒出，看一会儿，聊一会儿，想一些无关紧要的故事，看一看夜里灯火通明的法大，听一听曾经萦绕在台阶上的老歌。"2003级的吴晓杰这样感慨着。

2007年，法大图书馆分馆文渊阁在昌平校区正式投入使用。文渊阁由原第三食堂改建而成，2007年正式交付使用。据时任图书馆馆长曾尔恕老师介绍，昌平校区原图书馆更名为"法渊阁"，专门馆藏法学、政治、经济类书籍及2003年以前的所有图书；与此同时，新落成的人文图书馆在听取多方意见的基础上定名"文渊阁"，主要馆藏法大2003年以后非法学、政治、经济类的其他方面的书籍，藏书大概有40万册，另还有其他人文方面约30万册藏书落户文渊阁。

2009年，昌平校区图书馆的整体布局进行了大规模调整：法渊阁馆藏图书按照中国图书馆分类法从一楼借阅室至三楼借阅室顺序排架；文渊阁一楼对2003年以前出版的、按人民大学分类法的馆藏图书进行密集排架收藏；文渊阁二楼改造成自习室。同时，针对学院路校区图书馆藏书空间极度紧张的状况，图书馆也作出整体调整的规划。

2015年，昌平校区法渊阁图书馆在图书借阅程序上开始实施"大借阅"方式。在"大借阅"方式下，读者通过馆藏书目检索系统检索并取书后可以直接到图书馆二楼大厅统一借阅处前台办理借阅手续，不再需要到各个楼层书库借阅。"大借阅"方式的实施带来了如今高效借阅、归还图书的便利模式，在提升图书馆规范化、流程化管理的同时，促进同学们更加积极主动地前往图书馆借阅书籍资料。

谈及在图书馆的工作变化，曾担任法大图书馆馆长的曾尔恕老师与图书馆有着值得铭记一生的回忆。由于涉及图书馆学、信息科学等陌生的学术领域，曾尔恕老师在刚接手图书馆工作的时候也遇到了很多的困难。13年过去了，在图书馆管理实践中，她一直坚持着自己的一套理念。

她说，我做图书馆的工作13年，更真实地感受到图书馆工作的重要性。我所听到的老师对学校在图书馆建设方面的强烈要求，最典型和令我感到震撼的一句话是："如果图书馆不能满足我们对资料的要求，我们在这里的工作就没有意义了!"我所收到的学生给我的有关图书馆最动人的画面，是在冬日蒙蒙的凌晨，学生在图书馆外排队等待进馆的长龙。我最高兴的是知道图书馆在师生的学习和科研活动中发挥了作用，前几天有在海外学习的老师对图书馆能够提供远程服务表示衷心感谢。师生们能够在图书馆找到心灵的归宿、得到学术真理探求的满足，是我们作为图书馆人工作的原动力。所以，力求更主动、更全面地满足广大师生在学习、研究乃至文化生活各方面资源及咨询的需求，力争将图书馆建成学术交流、知识加工、文化传承的中心，已经成为各高校图书馆的共识和实践，也应当实实在在地成为我们图书馆的目标。

图3　清晨排队进入法渊阁学习的法大学生

近年来，图书馆服务与信息化教育两个方面成为法大图书馆的重要发展内容。

在图书馆服务方面，积极地改善馆舍条件，引进多元化图书，实行借阅参合一的办法。法大始终以一所一流大学的服务为标准，自身寻求不断的改进和进步。图书馆馆舍的扩大并不只是为了储藏纸质图书，在重点保障图书馆特色馆藏的概念下，纸质图书与数字资源并重，是当下图书馆馆藏的基本指导思想。

在信息化教育方面，更注重服务跟进。在法大图书馆的建设发展中，图书馆不仅仅是简单的借阅服务，同时要求图书馆资料要跟进学科发展，并建立起学科馆员制度，密切图书馆和校内各院的联系，以便能更贴近学生和老师的需求。

2018年，"中国法律信息资源共享联盟成立大会"在中国政法大学学院路校区举行，该联盟由中国政法大学图书馆、中南财经政法大学图书馆、西南政法大学图书馆、华东政法大学图书馆、西北政法大学图书馆等联合发起成立。内容主要包括：联盟单位研究生学位论文全文数据库、特色数据库信息门户、商业数据库信息门户、图书馆馆员网络交流平台、知识总库等。这是法大图书馆在新时代迈出的重要一步，在更广阔的平台上助力高校的人才培养和学科建设，促进全国政法机构文献信息资源的自建共享、共建共享和开放共享，推进高校及其他相关机构法律文献信息资源领域的全面合作。

在法大人的心目中，期末时相约在图书馆准备考试的场景是难以忘怀的记忆，在法渊阁前的台阶合影留念更是身着学士服的法大人在毕业前必要完成的事。法大图书馆所传承的，是百年先贤的智慧，是法治中国的愿景，更是一代代法大人在法学道路上奋然前行的决心。

亲爱的法大人，在法大的匆匆光阴中，图书馆之于你是怎样的回忆？

参考文献

[1] 曾芳："13 年与书香为伴，32 年结法大情缘——访中国政法大学教授、图书馆馆长曾尔恕"，载 https://news.cupl.edu.cn/info/1014/8111.htm，最后访问日期：2020 年 5 月 13 日。

[2] 李建红："致敬四十年丨追忆往昔，畅谈浓浓法大情"，载 https://www.sohu.com/a/272210379_407288，最后访问日期：2020 年 5 月 13 日。

[3] "'老'建筑为法大代言"，载 https://www.sohu.com/a/78319022_407288，最后访问日期：2020 年 5 月 13 日。

拓荒人的曙光[*]

郭静雯

我曾无数次驻足在这里。

每一个静谧的清晨，总有几缕曦光率先穿透云层，跳跃在红墙白瓦上，扑朔在簌簌纷纷的银杏叶间，最终坠落在"拓荒牛"前挺的躯干上。这样动人而闪耀的光芒，照过风尘中泥泞的土路，映过冲入云霄的摩天大楼，而如今，它浸透了整个雕像，似在昭示后人："拓荒牛"，穿越时间的洪流而来，承载着千千万万的黑暗中的不屈、破晓前的开拓与黎明时的孤勇向前。

这独属于法大世世代代拓荒人的曙光，我想你会记得，我想你们每一个人都应该记得。

黑暗中的蓄力

你见过山河破碎、百废待兴吗？

你见过缠如乱麻、搅如团丝吗？

一场沧桑巨变，一次数十年的战争，将这个国家最后的气血和精力消耗殆尽。眼前所见之景，虽然不是遍地横尸、血流成河，但却到处都是文明的碎片、法治的废墟。国家建构已立，法

---

* 作者：郭静雯，中国政法大学刑事司法学院 2018 级本科生。

律完善在即，为挣脱旧有中华法系的束缚、抛却对西方法系的依赖，1952年，一场法律整顿之风席卷全国，来自北京大学、清华大学、燕京大学、辅仁大学的有识之士怀着一腔热忱，愿为混沌不清的中国法学开辟一片教育的园林和创新的热土。在那个云淡风轻的平凡日子里，毛主席笔饱墨酣地写下"北京政法学院"几个大字，宣召着中国政法教育事业新征程的开始；有人徘徊于校舍之下，或沉思，或仰望，决心为校园的发展与走向奉献毕生；有人在会议厅中掷地有声、侃侃而谈，饱含对学院未来的信心与期望……

谁都不知道未来会发生什么，也不知道中国法治的道路至此会走向何方。但每一位选择从此刻加入战斗的前辈都知道，这是一场从无到有的博弈，这是一条只有启程没有终点的远征，唯有脚下的每一步都走得坚实，前行的每一刻脊梁都挺得笔直，眼下法学教育的荒地才能被开垦成为沃土，暗黑漫长的夜才有被撕开一道裂缝的可能。

破晓时的迸发

当所有的乌云都渐渐散去、呼呼的寒风逐渐萎靡，他们知道，这场淅淅沥沥下了多年的雨，终于停了，一切的黑暗，都在此刻被倾泻的光芒切割开来，那光芒中脉脉流动的，是数不尽的蓬勃与热切。当机遇来临时，正是这些充满热忱的拓荒人奋斗之时。

1987年的秋天，很多人在问：中国政法大学的前景在哪里？

建设新校区，建成中国法学教育的中心，看似充满志气与果断的话语背后，却是满满的坎坷与艰辛。从找地皮、求校舍以及协商拆迁，到工程动工、建筑设计；从办学地点转移、师资力量迁徙，到师生齐心"劳动建校"，到处都是为法大的新生而四处奔波劳碌的身影。那时候的每一个人，仿佛都不知疲倦，上至钱端升院长等学院领导，下至普通教师、青年学生，都参加过校园的基本建设和美化工作。最初的昌平法大只是一块光秃秃的地皮，到后来工程竣工时，也只是一片建筑地，后来慢慢有人乘着拥挤的校车来这里讲授知识，有人在清晨和夜晚停驻于此阅读、聆听，有越来越多的人，把几万册的书籍安放在法渊阁里，把坚挺的银杏树苗栽种在湿润的土中，把一处寸草不生的土地翻成润泽的沃野，让这里生长出中国法学的繁枝茂叶。

87 级的校友们同年给学校赠送了一座雕像——"拓荒牛"，用以纪念和永久铭记这一段艰辛的校园复办时光，同时也象征着法大人代代相传、生生不息的坚韧不拔和开拓进取。他们中的一员赵喜武师兄曾这样描述："当时，我们 800 名青年从四面八方汇聚在这片亟待开发的热土，4 年后我们离开了凝结我们智慧、汗水和泪水的法大，并各奔东西，把我们从法大学到的东西，播撒到世界各地。"

曙光下的仰望

现在，是 2019 年。法大的条件设备年年改善，宪法大道旁的银杏叶在暖阳下熠熠闪光，花园里的花朵放肆张扬地笑，端升楼里的雕刻也漫溢着文艺与古朴的味道，好像生活早已不复往日的艰难，黑暗的过去也在此刻恍如隔世。的确，时代变化了，曙光已经来临，但在每个法大人的匆匆步履间，好像又有什么仍旧没有改变，每个人都在抬头追求着什么，仰望着什么。

有人说，在物欲横流、名利为先的生活里，从法大走出的很多人往往反其道而行之：很多人走出法大后，走向高寒的青藏高原，走入贫苦的深山，走进薪资不高的基层岗位，脚踏实地地行进在挥法律之利剑、守政法之圣洁的道路上，同时也在远离光鲜的未知区域开拓出服务人民的新天地。精神是什么？精神是能够让人感到内心汹涌澎湃的力量，而独属于法大人的"拓荒精神"，让中国政法大学从贫苦的 1952 年到复建的 1987 年，再到 21 世纪的每一步都走得刚毅而充满活力，让现如今最富朝气锐气、最有权利谈梦想的年轻的法大人，在其他同龄人陷入利益羁绊、精致利己而老于世故、热衷实惠而耻谈理想的时候，去选择在凛冽的秋风中跑一场马拉松，去坚持在每个询问的人面前耐心解释法律难点，走到更远的地方，直至走到正义的身旁。

在初现的曙光下，我们从未停止仰望，从未停止负重前行。

若我们都是空想的梦游者，冷漠相对
大地将一片荒芜，变成谁也走不出的牢笼
若我们不舍初心，拓荒前行
黑暗中的第一线曙光将会照亮迷墙
那再漫长的黑夜
都在为这英勇的拓荒者加冕。

法大礼堂的故事

共青团中国政法大学委员会

礼堂，承载着每一代法大人的青春与梦想。

1989 年，军都山脚下的礼堂圆满建成并投入使用，配备当时先进的视听设备，用以举行大型晚会、论坛、学术讲座等。礼堂是昌平校区的早期建筑之一，20 世纪 80 年代的风貌，白色的水刷石墙体，上方衬着红沿。每逢秋天，爬山虎就会染红南侧的墙面。

现在的礼堂，一身紫禁红点缀明亮的白色，蓝天白云在透亮的玻璃窗上映着，一派安静祥和。2018 年秋季学期，礼堂完成了最近一次内部装修改造，变得越来越大气堂皇。完善的空调系统让内部冬暖夏凉，最初的木椅更换为更加舒适的沙发椅，装备齐全的灯光音响实现了几近完美的舞台效果。

在《法大人》杂志第 17 期《四年四度军都春》一文中有这样的记载：

设计图纸上的礼堂叫模拟法庭，葛工解释说："80 年代的时候，国家有规定不许兴建楼堂馆所。那怎么办？就想了一个办法，礼堂就改叫模拟法庭，上级就批准建了。模拟法庭还是按照标准礼堂的规模设计的。当时是北京高校中最大的礼堂，现在也是昌平地区最大的礼堂。"礼堂的外形是一个不规则的多边形状，相近于图书馆的外形设计风格，和图书馆相对，大门面对办公楼。相较图书馆形成反差的是，一个露天的楼梯藏于礼堂的背面，让人走到那里有一种柳暗花明又一村的新鲜感觉。礼堂之标准：1700 人的容量。近几年的毕业生人数已经超过了礼堂的容纳数量，每年总会有几百名毕业生不能在礼堂参加毕业典礼，要在学生活动中心设立第二分会场，以观看直播的方式参加毕业典礼。

那么，三十年来，礼堂都发生过哪些故事呢？

一、绚丽灯光，映翩翩舞姿

有人说，在礼堂，用一场迎新晚会预习大学四年，带着懵懂与期待。

在这里，新生们排练多日的班级节目终于上演。在这里，毕业生们摇曳着泪目合唱，用这一场毕业晚会铭记四年。

礼堂的舞台很奇妙，舞蹈大赛、舞团专场演出让你发现身边的同学原来如此能歌善舞。热闹的欢乐法大新春晚会，可能会让你惊奇地看到台上唱戏曲的竟然是上学期的专业课老师……

二、默默努力的你，值得聚光灯下的闪耀

礼堂，见证了无数法大人的荣光。

每一年的"榜样法大"和"感动法大"以身边的人、身边的事彰显着榜样力量，使同学们了解优秀同龄人的价值取向和人生追求，在全校范围内营造出一种自立自强、积极进取、健康向上的校园文化氛围。"Rong 聚法大"颁奖典礼表彰校园中的优质文化产品，同时举办的校园广播歌手大赛也在促进校园整体文化的建设。"江平民商法奖学金"颁奖典礼揭开获奖者名单的悬念，是对不断刻苦钻研学术者的认可，更是对后来者的鼓励。

三、论与辩，传承法大文化

说到法大特色，必须要提起的便是模拟法庭竞赛和辩论赛。

北京市模拟法庭揭幕表演赛将法庭"搬"进礼堂，台上优秀的法官检察官让观众一睹风采。2016 年，首届中国政法大学国际大学生华语辩论公开赛在礼堂展开了激烈的决赛，让我们领略了其他高校的辩论之风。每年的"论衡辩论文化节"是各学院辩论队的传承，"辩"进礼堂，让本院辩论队已经毕业的师兄师姐的身影在礼堂的电子大屏幕上出现，对于日夜写稿的辩手和整个辩论队而言，是荣耀和自豪。当然，这也是法大辩论文化的传承。

四、博学，广闻，养性

礼堂带着我们走进了一场又一场文化盛宴。

听说你想听音乐会，想看话剧？不用担心票太贵，不用担心进城路途辛苦，因为法大礼堂满足了你的想象。"开心麻花""你好，音乐剧"、飞舞的凤凰、大型舞剧《孔子》、交响乐团音乐会……昌平礼堂一次又一次让我们陶醉其中。

每个法大人都难以忘记梅二楼下那长长的排票队伍，无论是刑事法论坛还是博闻论坛，都具有难以抵挡的吸引力。六小龄童、王健林、张召忠、易中天、李开复、俞敏洪、周国平、李昌钰……哪一场活动是你关于礼堂的回忆？

九月，入学誓词响彻礼堂，这里见证了我们最初的年少模样。你是否仍记得，开学典礼上我们举起右手庄严宣誓：挥法律之利剑，持正义之天平，除人间之邪恶，守政法之圣洁。

六月，毕业典礼在庄严的国歌声中拉开帷幕，这里见证了我们的成长和蜕变。身着学士服的我们带着"经国纬政，法泽天下"的使命担当，奔赴人生的下一站。

原来，礼堂刻录了我们一幕又一幕的回忆。

我心中的《经法之声》*

陈 鹏

我 1998 年考入中国政法大学经济法系，也就是现在民商经济法学院的前身。那时，经济法系是法大第二大系，大家很团结，有着永争第一的精神头儿。2000 年 5 月，经济法系创办了系报，时任系党总支书记余常汉老师将她命名为"经法之声"，由经济法系分团委主办，余常汉书记担任顾问，姜泽廷老师负责总策划，编辑工作由经济法系学委会和学生会承担。她的创刊词这样写着："有一种艰辛是甜蜜的，有一种遗憾是美丽的，有一种关爱是无价的，有一种追求是永远的——讲团结，树正气，比学习，争第一——我们的《经法之声》。"后来，我有幸做过《经法之声》的主编，亲身参与其中。那时学生活动条件比较简陋，报纸编辑工作是在一间地下室完成的，而且这间地下室是许多部门轮流使用，需要安排好时间、提高效率。编辑部的同学都热情高涨，责任心很强，经常在地下室碰撞出思想的火花。那时交通基本靠走、通讯基本靠吼，约稿要挨个寝室敲门，发报纸也是逐个寝室分发。有时约稿不顺利，怕空窗，编辑都要自己写点备上，于是每人都有若干个"马甲"。20 年后的今天，翻看着泛黄的报纸，

* 作者：陈鹏，中国政法大学经济法系 98 级校友。感谢黄瑞宇、夏昊晗、孙丕伟、肖静对本文写作的鼓励与帮助。

打开尘封的记忆，一切恍如昨日，她是如此纯真，又是如此青涩，如此诚挚，又是如此精彩。

《经法之声》珍藏着经法人的光荣与梦想。"永争第一"不仅是一句口号，更镌刻在经法人的心中。经济法系获得的荣誉很多，是属于所有经法人共同的骄傲，《经法之声》有一篇《20世纪经典大回顾》是这样记载的：

1987　获首届12.9歌咏比赛冠军

1989　获第二届12.9歌咏比赛冠军

1991　获第三届12.9歌咏比赛冠军

1992　获第18届中国政法大学田径运动会冠军

1993　获第19届中国政法大学田径运动会冠军

1995　获第五届12.9歌咏比赛冠军

1996　获第22届中国政法大学田径运动会冠军

1997　获第23届中国政法大学田径运动会冠军

1998　获第24届中国政法大学田径运动会冠军

　　　在首届体育活动月8个项目中囊括4项团体冠军

1999　获第25届中国政法大学田径运动会冠军

　　　获第七届12.9歌咏比赛冠军

　　　在第二届体育活动月12项目中获7项冠军

……

另有一篇《唇枪舌剑创新篇》的报道，是关于经济法系辩论队在"辩才杯"辩论赛夺冠的侧记，那是经济法系首次在校级辩论赛中夺冠。赛后最佳辩手谢玲说："胜利不属于我们，它属于经法人，我们完全可以为自己的骄傲而高歌；胜利不属于我们，它属于法大人，我们完全可以为理性的光芒而喝彩；胜利不属于我们，它永远属于将来——"

《经法之声》凝结着经法人永不言败的精神。篮球历来是经济法系的强项，多次夺得学校冠军。然而，在《经法之声》创刊之际，经法男篮在校篮球决赛中与胜利失之交臂。全系同学为之惋惜，队员们都憋着一股劲儿要重回巅峰。《经法之声》第1期"创刊号"用醒目的红字写着："雄关漫道真如铁，而今迈步从头越"。报纸的头版发表了一篇经法男篮的访谈，叫做《真心英雄》，其中写道："没有痛苦，人的幸福是卑微的，球场如此，人生如此。如果没有经历过失败，你就不能真正长大；如果不能从失败中走出来，你就不会真正成熟。无论过去、现在、将来，你都没有轻言失败，从没有轻言放弃。从你那自信的笑容里，从你那真诚的话语中，我听到了，我读懂了——希望！"

《经法之声》曾经刊登了一位同学写的诗，名为"也许"：

也许

也许，我可能倒下，
但我的雄心壮志，
依然直指天阙。
也许，我将要倒下，
但我渴望胜利的心，
依然在跳跃。
也许，我已经倒下，
但我的拼搏虽然失败，
也是那么闪耀。

也许，我曾经倒下，

但我知道，久违的成功，

就在前方微笑。

朋友，在这个残酷的竞技场上，

就让我的激情在这里挥洒，

就让我的热血在这里燃烧。

因为不论何时，

我都是永远的胜者！

经法人团结互助，经法精神代代传承。《经法之声》谱写着经法人的团结与友爱。《经法之声》曾这样寄语："初来乍到者，初到大学，茫茫然不知所措，乃未来的老生常谈者。老生常谈者，浪迹江湖，世事洞明，人情练达，乃曾经的初来乍到者也。"为做好新生工作，经济法系从高年级同学中挑选品学兼优者作为新生联络员，作为辅导员老师的助手，发挥"传帮带"作用，架起老师与同学之间沟通的桥梁。《经法之声》曾采访当时的联络员代表丁敏，她说，高中生活是一个平面，而大学生活则是立体的。大学四年，需要完成一个从学生向社会的初步转轨。她提醒新入学的学弟学妹，看似闲散的大学生活实则存在着无数竞争和挑战，无论学习和生活都不能松懈，每个人都应该给自己一个目标。对贫困学生的关心和帮助一直是经济法系的重点工作，《经法之声》曾聚焦这一主题专版报道，就经济法系开展的勤工俭学采访了相关的老师和同学，就"贫困"问题组织讨论。一位贫困生这样说，在这个世界上，物质上的贫困并不可怕，可怕的是面对贫困束手无措丧失自我。用微笑去迎接苦难吧，因为人生来不是被击败的，你可以毁灭他，但绝不能打败他。

　　《经法之声》砥砺着经法人思想的锋芒。《经法之声》第3版"激浊扬清"，每一期都择问题展开讨论，我们讨论贫困、讨论反腐倡廉、讨论改革、讨论理想……在这里，大家直抒胸臆、畅所欲言。例如关于腐败问题，有的同学说："人性是美好而脆弱的，有力的是法律。"有的同学说："做自己认为正确的事，就算众人皆醉，只要我醒着，就应该去努力唤醒众人，唤醒明天。"有的同学说："法治与人治此消彼长，消灭人治思想，真正铲除腐败。"还有同学用卢梭的《社会契约论》进行分析："假定每个人都是理性的，约束自己的动物性的，人们在解决资源有限性与欲望无限性时，要求相对满足，于是便达成'社会契约'约束彼此的动物性，并允许一个虚拟寡头存在，以对抗个别人动物性对契约的破坏。当个别掌握公权力的理性人的动物性占据上风时，公权力的私化便产生破坏，这便腐败了。"

　　《经法之声》记录着经法人学习生活的点点滴滴。第4版"真情告白"主要刊登同学来稿，记录平凡而快乐的校园生活，被同学们戏称为"娱乐版"。该版曾刊登这样两则趣闻："某同学精神不好，在课堂上睡着了。舍友劝他，与其这样不如回宿舍休息。他拒绝了，说'小隐隐于野，大隐隐于市'。""两个同学在篮球场打球，见一群学生骑单车匆匆经过法大篮球场，一人问'他们在干什么'，另一人答：'环法自行车赛'。"宿舍卫生是永恒的话题，一篇文章写道：某宿舍名为罗汉堂，存有千年垃圾，满目狼藉，六位好汉号称"能闻能捂"，一日终于不堪忍受，来了一次大扫除，共拾出旧鞋5双半、饭卡2张、情书1封、未洗过的袜子若干只以及其他难以命名的垃圾3筐，罗汉们纷纷感叹："我们的生命力真强"。有篇名为"决定"的文章写关于"选择"的思考："前些天，在食堂门口偶遇大师姐，已是好久不见

了，她说现在正为考研忙得焦头烂额。看她面容憔悴，毫无往日
的风采，考研的滋味似乎也一下子体会到了一些。我问她找工作
了没，她说找了，而且还相当不错，但考虑再三，还是决定继续
读书。问别后，她行色匆匆地走了，但她所作的决定却引起我曾
有过的关于求学与就业的思考。一边是自己喜爱的工作，一边是
向往已久的学业，两者都让人难以割舍……人的一生总要面临各
种选择，何去何从因人而异，但无论如何，全局统筹、长远考虑
是基本之需。知识属于自己，机会尚可再搏。"《经法之声》的
"娱乐版"内容丰富、形式多样，我甚至还翻出一条广告："谭鱼
头火锅在保留鱼头火锅的同时，开发正宗四川火锅，并在原有价
格基础上全面下调 30%，将以全新的面貌迎接各位同学光临"，
也是醉了。

　　毕业快 20 年了，我一直珍藏着当年的报纸。《经法之声》像
是永不消逝的电波，不时在我心头响起，始终激励着我前行。用
一首诗作为结尾：

> 四度军都春，
> 廿载学子吟。
> 厚德法度明，
> 格物公理真。
> 书报尘封久，
> 梦里经法新。
> 瑟瑟秋风日，
> 可暖寸草心。

法大校训的故事 *

陈泉廷　崔　赫

一、校训"厚德、明法、格物、致公"的由来

法大原有一个校训，即"团结、勤奋、严谨、创新"，是建校 40 周年时确定的。但随着时间的推移，越来越多的法大师生和校友感到，这个校训过于宽泛，没有反映出法大的办学传统和特色，也没有提炼出法大的核心文化和精神，不能发挥校训的应有作用。

2001 年，学校决定重新拟定校训，并向全校师生和广大校友征集之。整个征集活动历时半年，先后发放 500 份书面征集校训启示，征集到校训建议 100 多条，召开了 7 次师生和校友征询意见座谈会，在校报、广播台、橱窗、校园网进行了广泛的宣传，直接参与者达 3000 余人次。学校先后有 3 次会议专题讨论校训征集工作，最后决定采用"厚德、明法、格物、致公"为新校训。新校训在 2002 年 5 月法大建校 50 周年校庆期间正式发布。从某种意义上讲，新校训的征集过程实际上是法大人对法大精神再思考的过程，也是进一步凝炼、总结的过程，她的诞生不仅是法大

---

　* 陈泉廷，任职于中国政法大学学校办公室；崔赫，中国政法大学刑事司法学院 2020 级硕士研究生。参考文章：晓理、琳琳：《新校训是这样产生的》。

人集体智慧的结晶，更是法大人对法大精神的拓展与升华。

二、校训"厚德、明法、格物、致公"的丰富内涵

校训是大学精神的精华。法大"厚德、明法、格物、致公"的校训集人文精神、法治精神、科学精神和公共精神为一体，集中展现了法大与法大人的气质品格。法大校训是一个整体，"厚德"强调的是为人，把立德树人放在首位，源自《易经》的"天行健，君子以自强不息""地势坤，君子以厚德载物"，意在培养师生优良的公民道德、职业道德、政治道德，增厚美德，容载万物，这是人文精神的凸显；"明法"强调的是为事的规矩、法度，取自《管子·明法》，意求师生学法、懂法、守法、护法、用法，以法治天下、建设法治中国为己任，这是法治精神的体现；"格物"强调的是为学，出自《礼记·大学》的"致知在格物""物格而后知至"，意促师生实事求是，求真务实，养成科学的思维和理性，这是科学精神的写照；"致公"强调的是为人、为事、为学之鹄的，取法于《礼记·礼运》的"大道之行也，天下为公"。此处"致"从"至"，"致公"也为"至公"，出自《管子·形势解》的"风雨至公而无私，所行无常乡"，意为师生要坚持和弘扬公平正义的价值观，要有仁爱亲民，献身公益，服务公众的社会责任感，这是公共精神的张扬。

三、校训"厚德、明法、格物、致公"的时代意义

校训展现着法大的办学特色。法大的法学教育培养占学校的半壁江山，特色和优势明显，被誉为"中国法学教育的最高学府"。校训特有"明法"一目，它不是仅对法科师生的要求，而是对所有法大人的要求。"明法"，意味着要有法治信仰、法治理

念、法治意识和法治思维，其中法律人还要有法律职业技能和职业伦理。在法大，法学教育和法治氛围很浓，入学誓词是"我自愿献身政法事业，热爱祖国，忠于人民，严于律己，尊师守纪，勤奋学习，求实创新，团结互助，全面发展，挥法律之利剑，持正义之天平，除人间之邪恶，守政法之圣洁，积人文之底蕴，昌法治之文明，为社会主义建设和人类的进步事业奋斗终身"。校园内塑有法鼎、法镜，还有镌刻着"法治天下"的石碑；有宪法大道、婚姻法小径，还有镶嵌着《世界人权宣言》全文的法治广场……具有法治精神是法大人的特质。正是在校训精神的激励下，一代又一代法大人走向社会，在各行各业恪守信仰，践行法治，为法治中国建设作出了突出贡献。

校训涵养着法大人的精神气质。法大人天然"明法"，具有法治精神的特质，但作为法大的核心价值理念和文化精神内核，四目不可偏废，同样需要注重"厚德"的培养、"格物"的训练和"致公"的追求，要用整体的思维将校训精神内化为自己的价值尺度，并以此自觉衡量和校正自己的行为，成为新时代德法兼修的合格建设者与可靠接班人。

"厚德、明法、格物、致公"的校训精神激励着法大始终以"经国纬政，法治天下"为使命，致力于推进国家的法治建设。自1952年建校以来，法大始终坚持"学术立校、人才强校、特色兴校、依法治校"的办学理念，坚持走以质量提升为核心的内涵式发展道路，始终以"经国纬政，法治天下"和"经世济民，福泽万邦"为学校的两大办学使命，致力于以卓越的人才培养、科学研究和社会服务来推进国家的法治昌明、政治民主、经济发展、文化繁荣、社会和谐及生态文明，造福于全人类；致力于培养品德优良、人格健全、学识渊博、能力卓越、智慧不凡、身心健康的"复合型、应用型、创新型、国际型"高级专门人才；致力于打造"开放式、国际化、多科性、创新型的世界知名法科强校"。"厚德、明法、格物、致公"的校训精神不仅贯穿其中、融入其中，一脉相承，而且是其核心价值和精神，更是一代又一代法大人使命接力的根本归依。

青春，勇往[*]

——回忆"晓梦有约"

黄晓梦

　　我，于 2004 年考入法大法学院，此刻提笔时，距离毕业也有十一年了。收到约稿邀请的这一周，我会有意无意地回想起本科四年的法大时光，虽然一些细节片段已经很模糊了，但不管记忆的清晰度怎样，它的质感却始终是温暖的，记忆里仿佛总有可爱的小气泡，在阳光下折射出一片五彩斑斓。这可能，就是青春的色彩。

　　大学期间，由于性格原因，我比较热衷于与人交往和参加活动。大一时，各种社团纳新，我报名并入选了法学院学委会和准律师协会，一个是官方学生组织，一个算是当时学校最大的民间社团。参加社团组织，让我有平台认识有趣的人，做想做的事。

　　大二那年，我当上了学委会新闻传媒中心的部长，就开始琢磨着做点不一样的事。虽然身在法学院，但其实从小有一颗做主持人的心，高考填志愿时本想报中国传媒大学，却不知怎的在爸妈的建议下"鬼使神差"地填了法律。都说念念不忘，必有回响，果然，上了大学我就"情不自禁"地冒出了一个想法，圆自

　　* 作者：黄晓梦，中国政法大学 2004 级校友。

己的主持梦，打造一个现场访谈活动，嗯，就叫"晓梦有约"吧，主持人呢，就自己吧。那时啊，我还真是有股"初生牛犊不怕虎"的闯劲，从一开始就把目标定为校级品牌活动，访谈嘉宾锁定为同学们最喜欢和最想了解的名师，并以"讲述成长故事、沉淀生命智慧、指引人生之路"为栏目宗旨。

举办活动，经费是首先需要解决的问题。为了对得起自己"高大上"的市场定位，在赞助商的选择上我也是有些"傲骨"的。我看上了学校附近的一家咖啡店，连续好几个晚上抱着笔记本去谈判，后来终于拿下了赞助，据说这事在校园论坛上有人点名表扬，因为这家咖啡店的女老板真的非常难谈，"晓梦有约"也算在上百家社团活动中突出重围。

有了经费就可以想想怎么做品牌和营销了，我找人专门设计了栏目 logo 和活动海报，每期会订制纪念书签，上面印有老师的签名和赠语，节目现场都进行特别布置，甚至还给自己购置了主持人服装。在内容准备上，第一期节目我选择了获评"最受学生欢迎教师"的时建中老师，自己联系约好访谈嘉宾，搜集嘉宾信息，策划访谈问题，深度挖掘老师讲台之外的生活面。那时，我体会到创业的兴奋感，带着部门里的几位学弟学妹边摸索边尝试。幸运的是，法学院学生会的老师和同学们给予我无条件的支持和信任，让我可以放手去做。

心有多大，舞台就有多大，此话不假。后来的几期，我成功地访谈到了当时的法学院院长马怀德老师和法大终身教授江平老师，甚至还去江老师家做客拜访。借着嘉宾的影响力，"晓梦有约"也逐渐扩大了知名度，成为大家乐于参与的校园活动之一。而在这个过程中，我得到了很多人的帮助，有一位学弟设计的海报非常漂亮，每次的现场技术支持让人放心，杨沁鑫同学使用软件制作的开场视频堪称专业，陈金波同学总能找到老师的联系方式并提供摄影支持，还有我的部员们，个个聪明伶俐、周到能干……

到了大三下学期，我开始考虑从节目中抽身，那么一手创办的"晓梦有约"何去何从呢？为了让这个活动可以传承下去，我主动建议去掉个人标签，改名为"倾听"，并把它交给了最信任的部员王研蓉。欣慰的是，据说"倾听"后来在学弟学妹的手中发展为礼堂级别的访谈活动，获得马怀德校长的亲笔题名，先后访谈过鞠萍、龚琳娜、濮存昕、张晋藩、孙先红等名人名师，一直延续了很多年。

洋洋洒洒写了这么多，这是我毕业之后第一次详细地回忆"晓梦有约"的过往。那时的我，肯定是青涩的，不论是组织活动还是主持节目都有很多欠缺，所幸大学校园本就是最宽容的舞台，它允许你尝试，允许你失败，允许你张扬，允许你去闯。我很感谢那时的自己，敢想敢做，不负时光，给自己也给大家留下了一点美好的念想和回忆。这段经历刻在我的生命里，也许某一天也会有它的回响。

充满感恩地写下这些，特别想和此时校园里的学弟学妹们共勉，愿你们的青春气贯长虹、天真无畏，愿我的青春锐气不减，依然勇往！

军都山下，有一所大学叫法大[*]

沈佳立

2019 年，距离我毕业已经 10 年了，但我几乎每天都会想起在昌平的那几年时光。

虽然身处南方，但我时常翘首北望，因为在那相隔 1300 余公里的地方，在那连绵的军都山下，有安放我最美好青春的地方，那是让我魂牵梦萦的精神家园和心灵归宿，那是我的母校——中国政法大学。

白驹过隙，如今距离我入学已过去 15 年了。如果说时间是记忆的橡皮擦，那我很庆幸，我对大学的回忆从未因时光的流逝而逐渐淡去，反而历经岁月的沉淀而越发深刻。

那就让记忆的闸门再次打开，过往的幕幕场景再次浮现吧……

2004 年 9 月，我带着满心喜悦与无限憧憬，离开魔都，北上帝都。初到昌平，连绵的群山映入眼帘，远离城市的喧嚣繁华，这正是我理想中的世外桃源。至今我仍觉得，昌平是北京最适合生活的地方。初入校园，几十亩的地盘虽略显局促，学习、生活倒也方便，站在"拓荒牛"前望三门，交通靠走、联络靠吼的低碳健康生活也甚合我意。

* 作者：沈佳立，中国政法大学 2004 级校友。

初入校时，校内建筑还是一派青灰色调，充满 20 世纪 80 年代的复古风情，教学楼还是 A、B、C、D、E 段，宿舍楼还是一、二、三、四、五、六……号楼；毕业时，教学楼已更名为端升楼、厚德楼、明法……宿舍楼已更名为梅兰竹菊。

初入校时，学生社团都以主楼地下室为根据地，频繁出入的学子就像从地下冒出来一般，如今想来颇为壮观；毕业时，学生活动中心已启用，舞蹈房、琴房等多功能厅各司其职，与当年不可同日而语。

初入校时，紫藤长廊边还是一个巨大的废弃水池，2005 年 2 月的大雪天，我们在那里玩得不亦乐乎。校医院旁还是教师食堂，味道比学生食堂好。家属院还略显萧条。毕业时，法治广场、文渊阁、国际交流中心都已建成，实现了"鸟枪换炮"的华丽升级。

初入校时，宿舍每晚 11 点断电，浴室隔天定点开放……盛夏，酷热难耐，我们用 2.5 升的可乐瓶装满水，抱着入睡。寒冬，冷风刺骨，洗完澡走回寝室，头发已挂冰霜。毕业时，夏日电扇已可通宵运转，浴室已每天开放。如今，听说教室、宿舍都已安装了空调。

短短 5 年，学校发生了巨大变化，而我们，也在不断成长。毕业 10 年了，曾经的经历仿佛就发生在昨天，似乎下课的铃声才刚响起，似乎仍有大把的青春可以肆意挥霍……

我难以忘记军都山、蟒山、十三陵水库、定陵、银山塔林、航空博物馆、碓臼峪……那里留有我们探访的足迹。

我难以忘记阳光商厦、国泰百货、美廉美、物美超市、二毛小商品市场……那里充满着生活的气息。

我难以忘记蜀园、龙福居、水萝卜、富丽城、福华肥牛、东东包……那里是我们聚餐"腐败"的阵地。

那是我们都回不去的从前，幸好青春还有回忆来纪念。我想，如果我失去了对过去的回忆，也就失去了面对未来的勇气……

毕业后，回上海，当公务员，成为公职律师，从事劳动关系方面的俗务，也算不忘初心，未离本行。工作之余，参加校友会活动，与校友常联系，勤探讨，共回忆……很好很温暖。今年5月，儿子出生，我希望将来有一天，能送他去法大读书，开启另一段美丽邂逅，一如2004年的那个秋天。

从昌平出来的我们，身上总是带着不合时宜的理想主义色彩和情怀，这是母校留给我们的深刻烙印。

依法治国的理想很丰满，法治中国的道路却很漫长……但正因为现实的骨感，理想才必须继续丰满。

无论身处体制内外，从事何种职业，我们都不应忘记，我们曾从同一个原点出发，并誓言要抵达共同的彼岸。

法大是光*

谭志伟

"出发吧孩子们，别忘了你们一生的精神家园，别忘了你们共同的名字。"2014年初夏，时任校党委副书记兼副校长的冯世勇老师以"再见了，我亲密的战友"为题，在当时还火遍高校的人人平台上深情赋诗，送别一群被他亲切唤为孩子，又郑重称之为战友的法大骄子。

这个一生的精神家园就是法大，这群人共同的名字就是——法大武警国防生。2005年，武警部队与中国政法大学签约培养后备警官。13年来，已经有十届毕业国防生胸怀理想，心系法大，奔赴全国32个省（市）基层一线建功立业，践行携笔从戎，报效祖国的无悔诺言。

迷彩绿和玉兰花，报国志与法大情，我们的故事值得诉说和铭记。从昌平军都到祖国八方，从格物致公到忠诚坚毅，我们记得母校期许祝福的目光，更懂得这身军装背后的意义。

是国庆阅兵，奥运志愿；
是感动法大，赛场荣光；
是央视舞台五月鲜花，扫雪除冰温暖冬日；

---

* 作者：谭志伟，中国政法大学2013级本科生（国防生）。

是勇上一线，不畏烈晒坚守洪堤护平安；

是猛虎扑羊，身先士卒面无惧色擒毒贩；

是为了边陲安宁赴疆赴藏的铮铮好儿男；

是为了献身使命散做满天星的届届橄榄绿。

故事如繁星难以一一铺陈，有比武夺魁的豪迈，有立功受奖的激情，更有战场冲锋的无畏，但最多的还是如水般平淡而平凡的坚守。谨以此二三事，记述我们的初心和梦想。

法大，是我们的精神之光。2014年初春，宁夏泾源县，风中掺着钻人衣领的寒意，但长时间的封堵守候丝毫不影响他旺盛的战斗意志。夜深了，一辆可疑的集装箱货车向收费站驶去，在交警例行盘查车辆之际，他带领突击小组迅速将三名嫌犯制服，随后根据嫌犯情报火速突击，连夜将该贩毒团伙一网打尽。这场连续近50个小时的缉毒追捕行动以查获价值两千多万元的高浓度冰毒7970克，我方无一人受伤圆满告终。因在此次行动中指挥有力，作风顽强，他也荣立个人二等功。他就是2007级国防生杨军成，现任武警宁夏总队同心县中队政治指导员，曾经唇红齿白的书生，如今已是勇擒毒贩的警营铁汉。杨军成师兄在一次接受我们采访时坦言，"毕业几年来，成长的道路上充满了坎坷和曲折，工作岗位也几经调整，但始终是法大给予我巨大的精神力量，始终是法大国防生这个光荣的名字激励我前进"。在西北风刮的黄土高原上，杨军成师兄似岿然不动的白杨，扎根红色沃土，书写坚韧而无悔的法大故事。

难说国防生为法大做了什么，但法大真实地塑造了国防生。在杨军成师兄建功的同年，一部名为"中国梦·法大学子的追梦故事"的微电影在法大开拍，2010级国防生陈成代表国防生出镜，两分半的镜头既是陈成师兄个人成长的自白，也是法大国防生这个集体的心声。镜头结尾，陈成师兄的这句话传扬甚远，"我的梦想和其他兄弟一样，保护我脚下的土地和我爱的每一个人"。后来很多师弟分配前都会提起这句话，然后奔向四方。

为法大争光，是我们的誓言和使命。"法大国防生是一个光荣的集体，我以它为荣。我常告诫自己，身为一名法大国防生、一名法大人，不能给母校丢脸"，这是 2010 级国防生陈赟时刻自醒的警句，更是他担当使命的精神财富。2016 年盛夏，南方暴雨，长江中下游和赣江全线超警戒水位，造成鄱阳湖水位连续上涨，加之台风"尼伯特"入赣，丰沛的降水使防汛形势倍加严峻。时任武警江西总队特战集训队排长的陈赟临危受命，率领 64 名特战队员紧急驰援鄱阳县张家圩。暴雨过后高温难耐，前线保障条件有限，陈赟和战友们只能握着冰块降温。面对汹汹洪潮造成的大面积塌方，陈赟带领六名班长骨干组成党员突击队，毫不犹豫跳入水中，历经两个小时的奋战，用近 600 袋沙石将塌陷区域填补，顺利排险。陈赟师兄也因此次任务被记录至"CUPL 正能量"人物访谈系列报道，文名为"洪堤上的国防生"。

2016 年末，一场期久而至的大雪将法大裹成银白。寒风破晓，我们携带各式工具开赴校园各处，敲砸铲扫，相互呼喊，"动作快点，大家马上起床了"，接着埋头继续铲雪。看着北门至"拓荒牛"前开辟出的人行道，热气蒸腾的身影里，有早起同学们的鼓励和致意。隆冬雪夜的法大表白墙温暖了我们，"当他们穿着统一的迷彩服为同学们铲开冰雪时，真的觉得他们就是最可爱的人"。冯世勇老师也在"法大 BBS"上署名留言："国防生扫去的是积雪，带来的是一种精神——利他！无私！奉献！这耀眼的橄榄绿是法大最美的风景线！"

壮志报国历四载，军都砺剑度春秋。在身边同学看来，我们放弃了很多：时间，自由，家庭，甚至不确定的危险。我们也不停地追问过"从多彩的校园到单调的警营、从天之骄子到普通一兵、从象牙塔尖到基层最底"其中的意义，繁重的训练和陌生的环境也曾像横亘在我们面前的崇山，山高路远林密，但法大似光，我们渐渐能看到群山之中的山势水脉、路网栈道，渐渐能体悟出火热警营育人铸魂、守护安康的使命责任。此时此刻，在天安门，在广州塔，在高原雪山、黄沙大漠，在县市监狱、海岛滩头，我们坚挺的身影无言，我们坚守的初心昭示：这不是放弃，是选择！

2017 年 5 月 26 日，国防部新闻局通告，从 2017 年起，全军和武警部队不再从普通高中毕业生中定向招收国防生。至此意味着两年后 2020 届毕业的国防生将为法大国防生这个"理想信念坚定的先进群体、能够担纲重任的骨干力量、志愿戍边建功的天之骄子、热心公益事业的模范先锋和引领校风建设的优秀团队"画上句号。法大国防生的历史即将告终，但法大的国防生将永远年轻，永远向前！

我们在祖国最需要的地方向母校，敬礼！

玉骨冰肌文杏金枝袅　华净妍雅梧桐叶萋萋[*]

——宪法大道的银杏与梧桐

张志文

　　一进校门，首先撞入眼帘的是贯穿法大东西向的宪法大道。道旁的银杏树树干通直，叶形古雅，丰姿绰约，精美绝伦。若是春天，嫩叶婀娜成一柄柄梅花状的小彩扇，翠绿嫩黄，玉骨冰肌。若是夏天，袅袅枝丫便为宪法大道戴上巍峨的云冠，也为法大师生们撑出清凉的华盖。然而，银杏最美的季节还属秋天。

　　初秋的银杏叶随风翩跹起舞，叶脉是惹人喜爱的青绿色，向边缘方向渐变为淡黄色，波浪似的边缘为叶子镶上了一条金边，熠熠生辉。郭沫若在《银杏》中写道："秋天到来，蝴蝶已经死了的时候，你的碧叶要泛成金黄，而且又会飞出满园的蝴蝶。"深秋的银杏叶正如万千金色的蝴蝶，和风飞舞，一抹金黄呈现在半空，"姿如凤舞云千霄，气如龙蟠栖岩谷"。一卷松软的金色地毯延展于宪法大道，与法大人共享晨曦、和风与晚霞。有时我想，深秋银杏的颜色大概是这样构成的：在阳光流淌的河水里，洒一把中秋十五的月光，浣几件童话里金黄的龙袍，搅一顶纯金的皇冠，再倒几罐闪闪诱人的蜂蜜，不然怎能这般明亮耀眼啊。

---

　　* 作者：张志文，中国政法大学法律硕士学院 2018 级硕士研究生。

高远明朗的天空，如丝若絮的云朵，与染成金黄的银杏叶遥相呼应，愈显法大这别致的景色。

但宪法大道上的树并非自始即银杏。建校伊始，大道两旁是笔直高大的梧桐树。与银杏叶相比，梧桐叶更加壮硕，有着摹萋之势，也有着凤栖梧桐的美好寓意。直到2007年4月，法大发布官方通知，要以银杏代替梧桐。原来，建校时选择泡桐是由于其价格低廉、长势较快，但泡桐的树龄较短、发病率较高，故而决定替换成寿命长、枝干挺拔、景观效果极好且具有"中国古化石"之称的银杏。[1]无论是梧桐还是银杏，在她们的年轮里都记录着法大的青春年华和艰苦岁月。

曾经的87级法律系辅导员尹志强老师回忆道："记得宪法大道两边的泡桐树是当时的工人们栽的，87级的同学曾端着脸盆为树浇水，所以这些树和他们有着同样的校龄，感情深厚。"[2]梧桐细雨，点点滴滴。正是因为这些树见证了他们在这里艰苦奋斗的峥嵘岁月，唏嘘与惋惜之情可想而知。曾任中国政法大学党委副书记兼副校长的马抗美教授也曾回忆："春天，泡桐树会开出一串串淡紫色的花朵，散发出阵阵幽香。夏天，泡桐树阔大的叶子，又像一把把大伞，给人们带来浓浓绿荫。那一排茂盛的泡桐树和树上的小鹊巢，会永远留在无数法大人的记忆中。"[3]李爱华教授也写道："几经变迁，校园里大树参天，花美人美，早已

---

〔1〕"昌平校区校园环境景观改造工程全面展开 银杏替代泡桐营造优美校园环境"，载 http://news.cupl.edu.cn/info/1011/15706.htm，最后访问日期：2019年1月23日。

〔2〕艾群："军都扶犁八百拓荒牛"，载 http://blog.sina.com.cn/s/blog_62195b3d01019dqd.html，最后访问日期：2019年1月23日。

〔3〕马抗美："泡桐树上的小雀巢"，载 http://cuplnewspaper.cuepa.cn/show_more.php?doc_id=488780，最后访问日期：2019年1月23日。

看不出当年的窘迫。但依旧怀念宪法大道两侧的梧桐：淡淡的花香，密实的阴凉。"[1]虽不曾见过当年梧桐的风韵，但我们从这些点滴回忆中也能想象出宪法大道两旁那"华净妍雅，极为可爱"[2]的梧桐树。

　2007 年宪法大道辞旧迎新的时候，法大也发生着一些大事。就在这一年，欧盟与中国的重要教育合作项目——中欧法学院在法大成立，助法学教育走向国际化！就在这一年，法大倡议设立了"钱端升法学研究成果奖"，这是我国法学界第一个以个人名义设立的民间性奖项！也就在这一年，法大的法学一级学科被确认为"国家一级重点学科"，自此，法大、北大、人大被法学界视为中国法学教育的第一方阵，并称"三甲"！[3]法大的发展与前进，似原有的梧桐尽情伸展枝叶，又似新植的银杏欣欣向荣。

　银杏于四季赋予美以不同的风貌与内涵，既有春夏的希冀之美，亦有金秋的柔情之美，更有寒冬的生命之美，她将爱与希望的根基深扎泥土，生长出智慧和情感，孕育出不倨傲、不卑微的风骨。正如法大学子求索于法治之路，也许会面对法律与邪恶的激烈冲突、法治理想与现实的巨大落差，但自始至终不会动摇对法律的信仰，始终坚守着法律人的良知与底线，既怀有对良善的悲悯之心，也怀有荡涤邪恶的决心。而一代又一代的法大人更会将法治信仰内化于心，不驰于空想，不骛于虚声，笃守信念，敦品励学，以德为本，以法为剑，用实际行动践行"除人间之邪

〔1〕　周爱华："法大青春【点赞青春第 21 期】"，载 http://www.cupl.edu.cn/info/1083/8296.htm，最后访问日期：2019 年 1 月 23 日。
〔2〕　引自北魏贾思勰所著《齐民要术》。
〔3〕　"中国政法大学 2007 年度十件大事"，载 http://news.cupl.edu.cn/info/1011/15118.htm，最后访问日期：2019 年 1 月 23 日。

恶，守政法之圣洁"！

四年四度军都春，一生一世法大人。当你站在宪法大道上挥别青春年少，背起行囊进入下一段人生旅途的时候，那两行银杏也在温柔地与你道别："愿你出走半生，归来仍是少年。"

法大的食粮*

丁　悦

提起法大，就想到法大的食堂了，回忆里还带着热腾腾的香气。法大的食堂让人念念不忘，那是给我们提供食粮的地方，是我们团聚在一起热热闹闹的地方，是我们提起来就口水直流的地方。

法大昌平校区有两个食堂，比邻而立，各有特色。法大的宿舍楼名字起得很是风雅，梅兰竹菊，人间君子。我们宿舍在梅二，梅二楼前就是一食堂，梅二毗连竹二，竹二楼前就是二食堂。每到中午和傍晚下课时分，食堂前就人来人往，言笑晏晏，开饭啦！

我现在仍然能清晰地记得食堂的食物分布。每天很开心地穿梭在食堂中，看看每个楼层的每个窗口今天做了什么。中午吃完饭照例要回宿舍小憩，舍友们就会交流说，哎，我今天吃什么啦，味道还不错哦。另一个就会说，好啊好啊，那我明天也要去吃。食堂美味的日常交流是必不可少的，是宿舍的每日话题，是来自东西南北不同方位的舍友们的共同爱好。

一食堂一楼一进门，正对着的是米面粥窗口，有非常好吃的八宝粥，材料丰富，熬制精心，各种五颜六色的豆子，软软糯糯

---

* 作者：丁悦，中国政法大学 2008 级校友。

地躺在一起，团团圆圆甜甜蜜蜜。粥里可以自己加糖，我是不喜加的，单是豆子的味道就已是香甜。打粥的大叔高高瘦瘦的，爱笑，开朗活泼，笑起来还有些顽皮，一打就是一大碗，米多汤少，非常实在，一碗粥就很饱了。

左手边是各种菜食，印象最深的是有段时间推出的新品红烧牛肉。作为一个忠实的食堂爱好者，我当然第一时间就发现了。5 块钱一大碗，那么多牛肉紧密地挤在一起，大块大块的，一咬又松软又弹牙。那时候还是学生的我们，这么便宜的价钱买到这么一大碗肉，简直开心。牛肉汁也不要浪费，泡了米饭，米饭就浸润了肉的香气。我和小伙伴只是吃，谁都顾不上说话，那是一个相对无言把肉言欢的傍晚。后来我俩又吃了很多次，以肉会友，其乐无穷。

右手边是果蔬饮料窗口，各种颜色的果蔬都已经洗好，黄的梨子，红的苹果，绿的黄瓜，橘红的胡萝卜，粉红的西红柿，紫的葡萄，水灵灵的。夏天的时候最受欢迎的当然就是西瓜了。西瓜装得满满的，用带轮子的小车拉进来，个大，墨绿皮，深纹，圆滚滚。阿姨手起刀落，动作干脆利索，一个瓜快速被分成几牙，称好，算钱，刷卡，上盘。装西瓜的盘子是一个大白盘子，白绿红黑，很有中国传统美学风韵了。吃完暖暖的饭后啃几牙凉凉的西瓜，很是爽口快意。

一食堂二楼是川味窗口，也是最受同学们欢迎的窗口，非常有特色。我喜欢的很多菜品都集中在这里。糯米鸡、黄豆猪蹄、鱼头泡饼、肉末鸡蛋羹、粉蒸排骨、孜然羊肉、干煸豆角、鱼头汤、大虾、清蒸鱼、丸子汤、海带玉米排骨汤、菠萝咕咾肉、鸡胗冒菜，等等。我初入学时，师姐就带我来食堂吃糯米鸡，她说你一定要尝一下。我第一次吃时惊为"天鸡"。鸡的香滑渗透到米中，米的清香渗透到鸡中，米饭的香气混合着鸡的香气，滑滑嫩嫩软软香香的，你中有我我中有你。出了学校后，我四处寻找糯米鸡，但是都再没有遇到那么好吃的糯米鸡了，要么米与鸡分离，要么米干涩坚硬，要么鸡干柴无味。

二楼的早饭也尤其好吃，很多时候我都是为了吃食堂的早饭才早起。尤其冬天，早上天还未大亮，北京的冬天寒风凛冽，从暖和舒服的被子里挣扎着爬起来，睡眼蒙眬地爬上食堂二楼。鸡蛋饼是非常薄的一层，上面铺着胡萝卜丝和青瓜丝，黄红绿，油汪汪的煞是好看。薄薄的饼摞成很高的一摞，阿姨拿个夹子娴熟地一夹，放在碗里，再来一碗醪糟汤，里面满是圆圆的糯米小丸子，甜甜暖暖的，再来一点蔬菜小菜，搭配在一起，就是丰盛暖饱的早餐了。食物的香气吸引大脑醒过来，吃完去上课或者去上自习，就开始了元气满满的一天。

二楼必然要提到的就是奶茶大叔的奶茶了。奶茶大叔也是法大的红人了，深受追捧，我们毕业时还专门举着奶茶和奶茶大叔合照，多少人毕业后回学校一定要喝一次奶茶大叔的奶茶才算行程圆满。大叔的奶茶原料好，材料足，味道佳。我最爱的是红豆胚芽奶茶，咬起来嘎吱嘎吱的，别有情趣。那时候尚年少，爱做梦，觉得胚芽这个名字真好，春天里的胚芽，欣欣向荣，满是希望，喝下去的就仿佛是满满的春意与希望。毕业后就少见以胚芽作为原料的奶茶了，也深觉当年爱喝红豆胚芽奶茶的自己幼稚。而大学就是一个可以安心造梦的地方，让你可以安安稳稳地，有四五年漫漫长长的时间把梦做下去，稳稳当当地把自己的胚芽抽出叶和茎。

二食堂也有很多好吃的，有红烧鸡块面、麻辣香锅、小笼包、荠菜香菇饺子、台湾饭、烤羊蹄、蜜豆果酱酸奶，等等，不一而足，不胜枚举。再说口水就要止不住了，就此搁笔吧。

那时候我们每天都在食堂与教室之间走来走去，吃完物质食粮再去吃精神食粮。"大学之大，在于大师之大"，法大那么多名师，实在是取之不尽的宝库。上学时还未懂得珍惜，只觉上课幸福，后知后觉能与那么多大师亲近，共坐一堂，聆听他们谈古论今，讲理说法，是多么美妙而不可多得的事情。那时候不疾不徐，不慌不忙，胸中有志，眼中有光。后来在社会中颠沛流离辗转反侧之时，就总是想起法渊阁的法字墙，想起"拓荒牛"，想起法镜，想起宪法大道，想起法治广场，想起端升楼、厚德楼、明法楼、格物楼、致公楼，想起玉兰花，想起《瓦妮莎的微笑》，就很想再去食堂吃一碗满是肉和蔬菜、只有热没有冷的饭菜，喝一杯满是红豆和胚芽、只有甜没有苦的奶茶；就很想拂去满身的尘与土，在光与暗之间，坚定地迎着光，一点一点地走下去，吃饱了食粮重新上路。

"挥法律之利剑，持正义之天平，除人间之邪恶，守政法之圣洁"，入学宣誓时曾热泪盈眶，如今更是须臾不敢忘。这些年影响我、塑造我的，不仅是法大的物质食粮，更是法大的精神食粮。

国庆献礼*

丁 悦

　　我是 2008 级法大学生，2009 年祖国母亲 60 周年的时候，很多同学都激动地参与到国庆 60 周年群众游行方阵中，当时大家组成的是"依法治国"方阵，我因为种种原因没能参加，但是十年过去了，仍然能记起当时的盛况。

　　那时大家都群情激昂、摩拳擦掌，为能参与到这场盛事中而无比自豪。七八月正是北京最热的时候，而大家的热情比北京的天气还热烈。2019 年我终于也有幸参加国庆 70 周年群众游行方阵，再和同学们聊起 2009 年国庆 60 周年群众游行方阵的事情，大家仍然历历如昨，侃侃而谈，很多当时发生的小趣事都让人忍俊不禁。2009 年与 2019 年，10 年的时间跨度就神奇地因为国庆群众游行方阵而联系交织在了一起。

　　学校食堂有两台电视，平时播放新闻联播和法治新闻。2009年国庆当天，电视直播国庆 60 周年大阅兵和群众游行。一进食堂，就看见电视周围已经围满了人，里三圈外三圈。电视周围的座位早已坐满，其他人就站着，大家都很兴奋，齐刷刷的一片小黑脑袋抬头看电视。人很多，但并不嘈杂，欢呼声不约而同。国歌响起，也没有人指挥，大家就一起唱国歌，那声音越来越大，

　　* 作者：丁悦，中国政法大学 2008 级校友。

越来越激昂。身处其中，被当时的氛围感染，真是边唱边热泪盈眶，以至于我今天还记得那一幕。每看见一个方阵走过，大家就齐声喝彩。听见大家久久不停地欢呼和鼓掌，就知道是我们法大"依法治国"方阵出现啦。看！同学们有的穿灰色衣服，有的穿橘色衣服，有的穿藏蓝色衣服，有的穿天蓝色衣服，手中高举粉红色的捧花，身姿挺拔、步伐整齐地走过来。方阵正中央是写有"建设中国特色社会主义法律体系"的红彤彤的彩车，彩车前镶嵌金灿灿的五角星，彩车之上是白色封皮的巨型《中华人民共和国宪法》。看着我们学校的同学们，感觉大家闪闪发光，这就是未来中国法治的承载者和建设者，是未来中国法治的坚强脊梁啊。

由于对国庆 60 周年群众游行方阵印象深刻，对没能参加一直深以为憾，10 年后，2019 年国庆 70 周年群众游行，我终于光荣地参与其中。

2019 年国庆当天，我们所有人都非常激动。天空明亮灿烂，阳光温暖和煦。站在宽阔的长安街上，头顶上一架架飞机飞过。飞机下或系国旗，或成"70"图案，或划七条彩线，呼啸而过，蔚为壮观。长安街两旁是重型机车和武器，战士们在其前整齐列队，肃穆静等接受检阅。之前彩排时这些重型机车和武器都被迷彩罩子严严实实地罩起来，不能窥其貌，今天终于可以一见真颜了。凌晨时看见有兵哥哥站在梯子上仔仔细细地在擦小飞机，那时候我们看着这些重型机车和武器，也不知道它们的名字、作用和意义，就觉得小飞机们都那么萌，导弹长长圆圆，重型机车轱辘崭新锃亮。看着那么多重型装备齐聚，虽不识其名，却由衷地觉得震撼。我们边看边猜它们是什么，后来看国庆阅兵重播才知道，它们分别是信息侦测、数据干扰作战车，高空高速无人侦察机，攻击-11无人机，东风-17常规导弹，长剑-100巡航导弹，东风-41洲际导弹……每一款都振聋发聩、威风凛凛。

雄壮严整的部队受阅之后，欢愉热闹的群众游行开始。礼宾车上戴着很多勋章的老人们向我们或敬礼或挥手，也有人举着照片，后来我们知道照片上是那些曾为祖国奋斗过的已故国家建设者们，他们如今也与我们一同感受这盛世。

一辆辆彩车经过，上面是欢舞的人群。很快就看到法大师弟师妹们参组的"民主法治"方阵。首先入目的是一本巨大的红色《中华人民共和国宪法》和一颗五角红星，庄严神圣，星光璀璨。彩车上站着法律工作者代表们，听到旁边人窃窃私语道："果然是从事法律的，一看就很严肃"（笑）。后来看国庆阅兵重播，可以清晰地看到彩车周围走着的我们法大年轻的一代。他们青春洋溢，他们阳光耀眼，看得到他们的热情，看得到他们的热血，真是羡慕他们的年轻啊。他们正青春，正是广阔天地、大有作为的时候，正是有无限可能又可以无限想象的时候，他们正处于人生最美好的年纪，可以成为自己想成为的任何人。而这一批年轻人，必将成为未来中国法治的蓬勃力量。看到他们的那一刻，深切地感受到我们法大一代又一代的文化与精神传承，而又永远青出于蓝而胜于蓝。

我们的彩车来了，一大两小三辆彩车组成的彩车群，寓意"绿水青山"。我们匆忙和彩车合影后，就和我们的朱鹮（我们喜欢叫它"大胖鸟"）、白鳍豚和花蝴蝶造型道具一起出发啦。一路看见很多摄像头，我们就一路挥手过去，我说好像走红毯啊，大家就笑了。北京十月初的天气还是很热，我当时却不觉得，可能因为心里满是开心。央视的航拍飞机一直在头顶飞来飞去，我们看见了就挥手想要个镜头（笑），后来果然一个镜头都没有（笑）。

　　群众方阵的背景音乐越来越熟悉，我们离天安门也越来越近。指挥台倒计时："4，3，2，1！"走在长安街上天安门侧那一刻激动自豪得想哭。现场气氛太热烈了，花团锦簇音乐欢腾，我们高喊"祖国万岁！"一路自发喊一路不停歇，两边的观礼群众也对我们回喊"祖国万岁！"长安街一侧是联合军乐队和观礼群众，两面大屏幕播放国庆群众游行方阵实况，大屏幕上是一张张大笑脸。我一会儿看看左边一会儿看看右边，竟是看不过来了，同时还要注意看队形。经过天安门正中间，我们使劲儿往上跳，使劲儿挥舞手中的道具，使劲儿看天安门城楼上的国家领导人们，看见总书记向我们鼓掌。行至人车分离区，工作人员说"跑"，我们就都跑了起来。大家精神非常好，都跑得飞快，边跑边止不住地笑。我们一直跑一直跑，从天安门附近跑到西单又跑到复兴门，还有人边跑边跟路旁的工作人员挨个击掌，大家互喊"国庆快乐！"

　　后来的记忆就是在地铁上睡得昏天黑地感觉自己的脑袋颠来荡去。再上大巴车已经是下午了，一开手机就看见很多人说看见我们方阵啦。车上大家一起看国庆阅兵视频和照片，热热闹闹声笑语气氛热烈。到家也都不睡，还是聊各种方阵趣事，那可真是开心的一天啊。

　　但当时在回家的路上，一行人已经有些失落了，大家都说太快了，快乐的日子总是过得这么快啊。我们站在烈日里晒成均匀一致的小麦色，我们站在雨里脚泡到发白，我们在冷夜里互相取暖，我们在清晨啃干面包，也走过天安门，也睡过长安街，我们的训练曾从日到夜，也曾从夜到日，也曾不知时间，但是竟也不觉得苦，只是开心。

　　可以有幸参加国庆 70 周年群众游行是我这辈子都特别光荣

的经历。

　　谨以此文，为祖国母亲 70 周年庆生。愿祖国万岁，愿母校长青，愿我们法大学子有一日可以成为中国法治建设的坚实力量。

玉兰花开的承诺[*]

——相约法大，橄榄绿许你白婚纱

严培根

一

他是法大 2007 级国防生，她是法大 2008 级政管院学生。

他与她相识于 2008 年。彼时，法大国防生国旗护卫队尚未成立。负责国旗班组训的他，在国旗班邂逅了当年的她。像每个爱情故事最老套的情节，他们就这样走进了彼此的生活。

法大见证了他们的成长，亦见证着他们的爱情。与千千万万的法大学子一样，他们心怀"天下为公"的精神与"法治天下"的壮志；与不计其数的幸福情侣一样，他们有着"举案齐眉"的恩爱与"同甘共苦"的承诺。

夕阳西下的法大静谧宜人，它在向世人讲述着一段平凡但美丽的爱情。作为别人眼中的"学霸情侣"，他们将自习室作为他们梦想生长的沃土，在这里播种汗水与辛劳，也收割了最多的回忆和感动。他除去训练和上课的时光，大多都泡在自习室里。他们相互监督和鼓励，最终他高分通过司考，她亦将雅思从 6 分刷

＊ 作者：严培根，中国政法大学刑事司法学院 2015 级本科生（国防生）。

到 7 分，拿到了伦敦国王学院的录取通知书。

七年来，他们经历异国异地只能偶尔听见对方声音的生活，在无数的艰难与困顿面前，风雨同舟，都那么坚定地握紧对方的手。2009 年，当甲型 H1N1 流感肆虐全国之际，突发四十度高烧的他在校医院被昌平疾控中心带走，要运往南口隔离。她哭着挤进救护车，冒着感染甲流的危险，无论如何要陪他渡过难关。当体检结果出来，确认他并未感染允许解除隔离时，两人相拥着喜极而泣。

当最多彩的青春遇上军人的家国梦想，她便知道这将不同于其他人的爱情。他们选择了无悔与奉献。"家是最小国，国是千万家"，他们不仅要做恩爱偕老的鸳鸯，更要成为捍卫国防的雄鹰！他们将最豪迈的壮志刻在心中，将最温暖的柔情藏在心底。哪怕为了他，留在离家两千多公里的城市，却只能换来两个月一次的相聚和那无尽的相思。她学会了隐忍，学会了理解，学会了默默奉献，学着去变得更加优秀。她不需询问，他也无需诉说，他的伤，她懂，她的苦，他知。

2015 年的"五一"假期，法大运动场，一片橄榄绿簇拥着一对幸福的新人。两人深情地凝望，手挽着手，一起朝着幸福奔跑。这片土地见证了他们七年的爱情长跑，见证了他们一起经历的风风雨雨，而今也将见证他们人生中神圣的一刻。时光流转，玉兰花开又是一季，在这个他们彼此相识相知的法大，他们又回到了这个幸福开始的地方，将承诺延续。

二

他是法大 2009 级国防生，她是法大 2009 级刑事司法学院学生。

2010 年 4 月，礼仪风采大赛，他在台上，她在台下。偶然对视，却在彼此心中烙下深深的印记。他与她，在法大，在玉兰花开的季节，在最美的年华里相遇。

2010 年 5 月，在一次社团活动中，他与她再次相遇，这一次她牢牢记住了他的名字，而彼时他却不知，她的名字，在七年后会与他的名字一起被写在结婚证上。那时，他是新郎，而她，是他的新娘。

2010 年 6 月底，法大学子正紧张地备考期末。刷夜自习的队伍中，有他，有她，有路边的小烧烤摊，也有了他与她的第一次"约会"。

之后，一个偶然的机会，他与她骑着单车游览十三陵水库，在经行的路上，爱情的种子已然种下。

端升楼，红砖墙。明亮的教室里，课桌上的书本散发出淡淡的清香。他拿起笔，写下她的名字，这是有关"同桌的她"最难忘的记忆。

都说好的爱情，是让彼此变得更好。他与她相互扶持在司法考试的漫漫时光中，他与她，后来变成了他们。卷卷书香是他们青春的味道，漫漫学海是他们奋斗的回忆。终于，他们携手通过了司考。她的激动与喜悦洋溢在脸上，而他却只张开双臂对她深情一拥。那段时光，是他们最难以忘却的青春回忆。

2013 年，他毕业进入部队工作。而她留在学校为各项考试做着准备。忙碌占据了他们的生活，在这一年，他们一共只见过两面。但也正是因为这一年的考验，他与她的感情更加地坚定不移。

2014 年 7 月，她成功通过公务员考试，被某人民法院录取。至此，一年的异地恋宣告结束，她选择了在离家千里之外的地方扎根，只因为他在那里。她说，选择爱上他是她最骄傲的事情。而在他心里，他肩上的星因她而更加闪烁。

之后，他在武警辽宁某中队，诠释着一名法大国防生保卫家国的神圣使命。而她在离他不远处的抚顺市某人民法院，践行着"除人间之邪恶，守政法之圣洁，积人文之底蕴，昌法治之文明"的入学誓言。

2016 年 4 月 23 日，他与她再次来到法大，这个承载了他们四年青春岁月的地方。只是，他们不再是情侣。今天，她是他的新娘、他的妻子。他们拍了一组婚纱照，在他们曾经足迹经行处的每一个角落。只因她说想回到他们感情开始的地方，留下今生最难忘的瞬间。于是，在这个玉兰花开的季节里，他与她相约法大，完成多年前许下的一生一世相依相伴的承诺。

军人忠于祖国，也忠于爱情。前方有我为祖国站岗，守护万家灯火。身后，有你陪我青丝白雪，坐看日起月落。玉兰花开好时节，我与你相约法大，橄榄绿许你白婚纱，我携着你的手，一起走下去，一生一世不离不弃。这就是法大国防生对爱情的忠贞承诺。

你好，法大[*]

梁　超

"媳妇儿，你说当初我没有在北门篮球场边多瞅你一眼，哪家的小姑娘会幸运地嫁给我呢？"

"哼，谁稀罕，我当初就不该搭理你，防火防盗没防住你，唉，想当初闺蜜拦都没拦住，我那叫一个执迷不悟！"

这是我们俩2018年结婚后第一次晚上回学校，在麦胡吃完大叔的烤冷面、姐弟俩土豆粉、士林鸡排，我带着媳妇儿，媳妇儿牵着婚后发福的我，在校园里，边走边回忆着……哦，对了，媳妇儿唠叨我的时候嘴里还叼着北门大叔的糖葫芦……

我呢，不是什么优秀校友，也不属于社会精英，一个每天穿梭于通利福尼亚州（通州）与西三环北路之间被迫奋斗的男青年，通勤里程日过百公里，为减少开支，下班回家会兼职一下嘀嗒顺风车司机，媳妇儿亲切地喊我"梁师傅"。跟社会认知的"90后"不一样的呢，就是没房没车没存款还敢娶媳妇，当然，我媳妇儿比我更有勇气，毅然决然地选择了我这个可能会长期潜伏的潜力股。

法大故事里，怎么能少得了爱情呢？我们的爱情故事没有绚烂的色彩，也没有狗血的剧情，只有不大的校园里堆集的满满回

＊　作者：梁超，中国政法大学2009级校友。

100

忆，像极了宪法大道上的秋日落叶。我 2013 年本科毕业后直接工作，从"学生弟"到"社会人"，商海里的市场营销既不像柴小青老师讲述的管理学那样充满艺术，也不需要陈曦老师课堂上讲的灵感创意，更多的是人与人之间的较量，事与事之间的衡量，是"90 后"的你我不得不学习的生存技能和处世之道。正当我疲于应对的时候，我遇到了感情节奏慢半拍的师妹。她总说遇到我的时候是她的巅峰时刻，之后她的人生就在走下坡路，对于这种缺乏科学依据且黑化我的说法，我是坚决不承认的。她当时保送北大研究生，在人人网实习，据说对即将离开亲闺蜜，踏上新征程充满恐惧，我呢，好巧不巧就在北大万柳公寓附近上班、生活。就这样，我以一个"过来人"的姿态轻松地俘获了媳妇儿的芳心，伴随媳妇儿的读研生活，也补上了校园恋爱经历，时不时地骑着小自行车在西南门等媳妇儿放学。这二年也是难熬的三年，母亲被确诊食道癌晚期的那天是 2014 年 9 月 4 号，是我带媳妇儿入学报名的那天，接着就是借钱、出差、回老家，说实话我不敢停下来悲伤或思考，一切都只能握紧拳头往前冲。2016 年妈妈去世，我深刻体会到了"父母是我们和死神之间的一堵墙"，当直面死神，我只能选择更努力地生，更快乐地活！2018 年我们正式领证结婚，陪着在通州基层奉献青春的媳妇儿，过着通勤 3 小时的日子，不知道你能不能在地铁里站着睡着，反正我可以。

身心俱疲可以压垮一个人，但能娶到一个你想要她一辈子幸福的女人，你总是能够触底反弹。累的时候就想想和媳妇儿的约定，带着宝宝走到军都楼下梅三宿舍门口，跟他炫耀，当年爸爸在这里"撩"过你妈妈呦。

平凡的我们过着平凡的日子，为了积蓄更多前进的力量，我们会默契地选择回到法大，在校园里逛上一圈，看看法大的身影，听听胡同的喧嚣。也只有在这一刻，会真正爱上法大的"小而精致"，因为，每一个角落都有你的印记。我从来不具备"认清生活真相，依然热爱生活"的英雄主义，但法大给了我一个崇拜英雄的"无脑少女"，为了她，我决定逞一回英雄。

凡我在处，便是法大*

马　壮

寒冬，兵之初

孤独的山头，空荡的营房，一群列兵坐在台阶上，迎面寒风，头顶星空。山的对面是闪烁的霓虹，酒绿灯红；列兵背后是阴暗的九号高地，悬崖峭壁。

没有人说话，排长打开收音机，里面断断续续传来广播："党的十八大以来，中共中央总书记、国家主席、中央军委主席习近平围绕全面依法治国发表了一系列重要论述……"欧阳夏丹的声音依旧那么清脆。

"法大现在怎么样了？"列兵小马陷入了回想：夕阳下的"拓荒牛"，你是否依然有拓荒猫的陪伴？梅二展台排票的队伍，你是否拖得小姑娘们没法去吃饭？秋天里军都山下的校园，你是否漫天飘落着玉兰花瓣……

那年初秋，征兵宣传片《战斗宣言》在校园大屏幕循环播放，小马听了热血沸腾。"到了部队要好好干！记住，你们是法大的人，你们在军营就代表着法大！"欢送会上，老师寄予深切

---

　　* 作者：马壮，中国政法大学 2014 级本科生，2016 年 9 月从学校参军入伍，2018 年 9 月退伍复学，所写故事为在部队两年所思所感。

希望。对！有一句话叫作：凡我在处，便是法大！

暖春，大练兵

部队的训练是严苛的，有跑不完的五公里，拉不完的引体向上，投不完的手榴弹，以及……挨不完的骂。缺乏锻炼的小马立刻与同年兵产生了差距：综合测评倒数第一。

"还名牌大学的大学生呢？就这水平啊？我没上过大学都比他强！"小马夜不能寐。这是一个拼实力的地方，不问出身，不问学历，只看成绩，小马深知他此时此刻代表着法大。

那就练吧！五公里跑得慢，那就逼自己迈开每一步，呼吸急促、小腿酸胀没关系，总好过别人轻蔑的眼神；单杠拉不上，那就硬挺着抓住不放，血肉模糊、血染单杠没关系，总好过倾听读书无用论；手榴弹投不远，那就投到大臂抽筋为止，拿不起筷子、吃不了饭没关系，总好过法大学子被贬低……

凡我在处，便是法大，在最痛苦的日子，这句话给予了他坚持下去的力量。

盛夏，做精英

法渊阁的书教会他很多，《平凡的世界》告诉他生活不能等待别人来安排，要自己去争取和奋斗；《肖申克的救赎》告诉他我们可以用十年、二十年甚至一辈子去完成一个看似不可能的事；《大秦帝国》告诉他唯有实力方能赢得尊重，贫穷弱小只能被动挨打……法渊阁的书实实在在地填充了他的大脑。

理论指导下的实践，效果很不一般。很快，小马在体能、军事技能上实现了全方位的提升。义务兵第二年，小马综合素质全连第一，还担任了副班长，成为全连仅有的义务兵骨干。

卓越是无止境的，副班长只是过程，不是终点。小马担任新闻报道员，深夜的键盘声仿佛把他带回法大，那个习惯在课堂敲打笔记的日子；小马担任理论骨干，在全旅做思想汇报，那是当年在礼堂发言时的紧张和兴奋；小马担任心理骨干，为新兵做心理疏导，那是来自法大人的厚德……

对，法大出来的兵不仅仅军事技术精，他们是"携笔从戎"法大人！

伤秋，退伍季

抵不过似水流年，逃不过此间少年，那些久远的回忆化作连绵的悲伤，涂抹了一代人的风景。老兵，再见！

"最后一次点名，我要表扬退伍老兵——小马！"指导员站在台上："他是中国政法大学一名在读大学生，刚来部队时，体能很差，但现在你们谁敢说综合素质比得上他？他担任连队新闻报道员，把我们的排名从倒数第一拉到了正数第一，连队历史还没有过！他担任副班长，手底的兵进步极快，每个人都跟脱胎换骨似的……政法大学的兵，就是不一样！"

对，法大的兵，就是不一样！

那晚，小马梦回法大，看到两年前自己青涩的脸颊，胸戴大红花，手持《中华人民共和国宪法》，暗自对自己说：凡我在处，便是法大！

我眼中的校庆长跑*

乔逸如

"我的青春法大"校庆长跑活动是一个由全校师生、校友共同参与，通过长跑形式共同庆祝法大校庆的活动，于每年5月16日校庆日前后的周末举办。自2016年第一届校庆长跑以来，目前已经连续举办了三届。

参加"我的青春法大"校庆长跑活动的师生、校友在校庆日，环绕着校园标志性的建筑景观，一同奔跑，一同参与，用青春和汗水为母校献上最由衷的祝福。这一活动通过独特的形式，旨在丰富校庆活动，借此形成独特的校园文化和校园精神，营造法大独特的向心力和凝聚力，同时倡导法大师生养成日常体育健身的良好习惯。

组织者的故事

一场活动的组织者，是活动的骨架，骨架的好坏优劣，决定着活动的架构和走向。校庆长跑的组织者们，用自己的行动，为法大校庆献上一份值得纪念的礼物。

最初的组织者，是校学生会2014级的师兄师姐们，他们的初衷是号召同学们积极参与体育锻炼，以集体长跑的形式，促进同学

---

* 作者：乔逸如，中国政法大学国际法学院2015级本科生。

们身体素质和校园内体育氛围的加强。当时，恰逢校庆日前两周，在指导老师的提议下，将校庆元素融入长跑之中。时间陡然紧迫，只剩两周的时间，需要将仅存在于纸面的策划变成一场千人级别的校庆活动，对当时的组织者团队来说并非一件易事。大到路线、嘉宾，小到服装、物资，都需要这个团队从零开始，任务之重可想而知。

最后，这个年轻的组织者团队并没有让大家失望，在学校各部门的鼎力合作之下，为法大献上属于他们的礼物。但是声势浩大的活动背后，是整整两周时间的不眠不休，他们吃住都在办公室，他们顶着烈日一圈圈地勘察路线，他们拨打无数个电话联络商家，他们演算各个时间节点的耗时，他们甚至想到了不同天气的应对方案……他们只用短短两周的时间，便为千余名法大师生构建起一场注定难忘的活动。

校庆长跑已经伴随法大度过三个生日，组织者团队也已经随着学生会换届更替了三代人。每一届的组织者团队都试图在前一届的基础上查漏补缺，力求完美，努力让校庆长跑活动伴随法大度过一个又一个生日。

志愿者的故事

一场活动的志愿者，是活动的肌肉，肌肉强壮与否，关系着活动的张力和状态。校庆长跑的志愿者们，他们用自己的行动，支撑起校庆长跑的顺利举办。

说起校庆长跑的志愿者，大多数人眼前可能都会浮现出一幅画面，身着白色文化衫的志愿者奔波在校园里，在补给点为参赛者递上饮用水，递上毛巾；在赛道边为参赛者加油鼓劲，保驾护航。这些其实只是能被大家看到的一面，还有许许多多的工作是在看不到的另一面完成的。

活动前三天，所有的比赛物资已经运抵学校，只不过都是一大箱一大箱的散装。之后的工作，被历届志愿者们戏称为"法大富士康"，所有志愿者在办公室里排成一排，开启流水线作业，第一个人撑开纸袋，第二个人放一瓶水，第三个人放一块毛巾，第四个人放纪念证书……就这样，所有人化身流水线的一员，高效地完成1500多份参赛包的分装作业。这个过程，很累，所有人最后都累得直不起腰，但是整个过程没人退出，没人喊累，看着堆满整间屋子的物资包，所有人都发自内心地笑。

活动当天凌晨5点，法大还在沉睡之时，所有志愿者就已经在学生活动中心集合了，啃着买来的面包牛奶，听着组长的工作安排和最后的嘱咐。早上6点，所有志愿者就在各自的岗位就位，搬运、整理物资，对赛道做最后的检查，确保赛道上没有新的杂物。早上7点多，同学们就能略带惊奇地发现，平时熟悉的道路已经变成了长跑赛道。

当最后一名参赛者冲过终点时，所有志愿者都长舒一口气，随后当听见对讲机里传来撤场的指令时，所有人不约而同地转身，开始进行撤场。迎着稍显灼热的阳光，汗水浸湿了志愿者的文化衫，赛道在12时许便恢复原状。随着"咔嚓"几声快门响起，洋溢着喜悦笑容的大合照记录下了志愿者们最美好的模样，他们用这段独特的经历为法大庆生。

"四年四度军都春，一生一世法大人"是他们共同的誓言，"我的青春法大"则是他们共同的回忆。在绿茵场，在红跑道，在树荫下，在校园间，不论是组织者、志愿者还是参与者，他们一同构成了名为"校庆长跑"的美丽画卷，用自己对母校的热爱一同为校庆献上自己的祝福。

教授午餐会记[*]

南 凯

时维戊戌，值属露月。碧空如洗，云霄旷野。居庸山脉，护城众峦之母；金戈铁马，旌旆几多慷慨。银杏布道，军都冷风飒飒；玉兰不败，法大青春巍巍。

圣贤之道，非为朝夕之计；殚精竭虑，筚路善始善终。然虽沐春风，不识通衢之路；过尽艰辛，不悟力之所至。诚可悲乎！韩昌黎道："师者，所以传道授业解惑也。"故欲求学必先求师，师正而道存，道存而功半事倍。与师谈今古，共友诉衷肠，此则教授午餐会之要义也。先达德隆望尊，弟子范畴。言传身教，始称为人师表；甘为人梯，方能其乐融融。许师身健，与余等六人共飨听风厅，谈今古，话沧桑，问学业，评理想。弟子援疑质理，先生倾囊相授。志于道，据于德，依于仁，游于艺，循循善诱，不拘一格。侍坐六人，稛载而归。

内修明德，外化长技，尊师重友，志存初心。先生辞言，不亦与校训殊途同归也哉？

德者，人之本也。凡民之教，德育当先。有德者人人敬之，失德者天地远之。道德当身，不以物惑，淤泥不染，清莲不妖。以静修身，以俭养德，淡泊明志，宁静致远。仁义为友，道德为

　＊ 作者：南凯，中国政法大学比较法学研究院 2017 级硕士研究生。

师，乃尊法而不凝滞，通变而不失德。政法守圣洁，人文积底蕴，增厚美德，容载万物。

法者，国之重器，不可不察。民无信不立，国无法不昌。是故继往开来，国法先行，是为公是，非为公非，依情论法，定分止争。凡法始立必有病，群雄激荡，不敌世之洪流，况华夏沃野千里，比肩叠踵，一法出而效天下，终非易事。故精诚国法，广立良才，奉法要旨，卒天下大行。

物者，理也。致知在格物，物格而后知至。巍巍高观，大学精髓，古往今来，社会之基。思想化灵魂，学识如星斗。展自由之体制，跨通才之先河，读万卷之图书，行万里之远路。有大楼、大师、大学生之聚集，借全力全心全投入之进取。勤奋好学者请由此入，懒惰抱怨者毋踏此门。

公者，天下也。大道之行，天下为公。宜当格物穷理，以求经世致公。致公者，不必黄沙盖脸，马革裹尸，而宜小处落笔，不务空名。听大师谈小事，从小事悟大道。家国天下，处处为公，立志则仰望星空，行事须脚踏实地。阴阳相生，礼法和合，克心律己，敬畏万民。

厚德、明法、格物、致公，校训数十年，精神千古远。钱端升披星戴月，雷洁琼栉风沐雨，北京政法学院承北大清华之精粹，继辅仁、燕京之风骚，风雨沧桑，历至于今。大地可变，大楼可破，唯大师精神，历久弥新，风华永茂。数十载寒暑，万里路艰辛。年轮滚滚，印辙归为沉淀；沧海桑田，青春始终如一。大师风范，岁月春风化雨；莘莘学子，不忘使命于心。

辞别是日夜，蓟门树下，五韵俱成，吾与先生：

军都闻风响，银杏道两旁。
与师谈今古，共友诉衷肠。
望眼观天下，俯首思善良。
最美少年梦，终身健步扬。

先生喜，再番相嘱，勉余以学，继之以道。余深念之，获有所闻。天地生人，有一人应有一人之业；人生在世，生一日当计一日之勤。余敢不通先达之义，切校训之理，乘风破浪，遂当年志。

思当日事，浅疏鄙诚，略陈故陋，希他日冀怀哉！

每个法大国防生心中的"噩梦"*

——防化集训

严培根

都说"合理的训练叫作锻炼，不合理的训练叫作磨练"。其实，所谓合理与不合理只是相对而言的。人作为"善恶同体的兽"，有时候必须通过一些非常规的手段才能抑制住那些人性里面的"恶"。那里面包含了惰性、懦弱、畏惧、迟疑等人性之劣，只有经历磨练，才能破除那些人性之劣的禁锢，勇敢地去面对生活中的一切苦难。而对于每个法大国防生来说，防化集训就是一个永远铭刻在我们心底的梦魇。对于我们来说，那是一个真正的磨练，它不仅关乎肉体之痛，也关乎精神意志的蜕变之苦。

那是一个朋友圈都在晒旅游、美食照的暑假，法大国防生怀着惴惴不安的心情，进入了解放军防化学院的大门。未知总是那么充满魔力，让人恐惧，又让人兴奋。荷枪实弹的哨兵、"挥汗洒泪洗娇气，脱皮掉肉铸金刚！"的标语似乎都在预示着这将是一段难忘的旅程，事实也证明确如此。

车停在礼堂前面。而后，我们迅速整队被带到宿舍楼下，楼上悬挂一条横幅，写有"十二校精英聚化院，十八般武艺比比

---

* 作者：严培根，中国政法大学刑事司法学院 2015 级本科生（国防生）。

看"。连长是一个瘦高个儿，拿着一个点名簿依次进行分班。少顷，我们由班长带队上了宿舍，之后通知给我们三分钟时间归置内务。彼时的北京，30多度的高温，犹如一个大火炉想要吞噬世间的一切。汗水像溪流一样游走在皮肤上，浸入被子的棉絮里。快、快、快！这就是当时我们的心理状态。忙活完以后，我们被带去开饭，一路上的口令，一停下就是无休止的踏步，喊、喊、喊，踏、踏、踏，作训服早已湿透，汗水顺着指尖落下，滴滴答答地在水泥地上飞溅。

晚上，又是收拾内务，内务要达到的标准就是保证光亮如新，连一根毛发都不能有。地板、窗户、暖气管、空调、灯管、门、柜子的锁眼、灯的开关缝……用洁白的卫生纸一擦，不能沾一点灰尘。然而似乎所有的地方都有灰，哪怕这些地方已经经过很多次的擦拭。那是我们初步感受到了标准的意义。平常所说的细致与完美，在真正的标准刻度面前变得那么不堪一击。

之后几天除日常训练之外，重点教如何叠被子。都说军被就是三分靠叠，七分靠抠，确实如此，一床叠得让人觉得惨不忍睹的被子，在教官们的手里就让它变了一个样儿，有棱有角。这就是时间的磨砺和技巧综合作用的结果。

学会如何叠被子后，开始学习打背包。彼时的我们并不知道这将会是我们噩梦的开始。学会打背包以后就是进行无休止的紧急集合。所谓紧急集合就是教官们发出三声急促的哨声指令，我们就要迅速关灯，接着完成打背包、着迷彩服、戴帽子、扎腰带，左肩挎挎包，里面放洗漱用具、纸和笔，右肩挎水壶，水壶里面灌满水。然后所有内务要归置到位，全程不准说一句话。最后到指定地点集合完毕，再由教官清点用具是否带齐，背包是否打紧等一系列工作。在那个时候，我们方才真切地体会到"光阴似箭"的感觉。在我们忙得大汗淋漓的时候，教官们会喊"游戏规则才刚刚开始，你们已经过了三十秒啦，你们这些蜗牛"之类的戏谑之语。当然比较慢的人所得到的惩罚也简单且粗暴，就是进行俯卧撑等诸如此类的体能加练。

最让我们印象深刻的就是有一天晚上，突然间拉了一个紧急集合，之后被带去跑道，在完成一千米的快速冲刺以后，趴下用战术姿势爬完百米的水泥干道。很多人的手臂和腿都被磨破了皮。但是人的斗志总是在掺杂了愤怒等复杂情绪时被瞬间激发出来，那就是一个人的潜力之所在。所有人都完成了那次训练，哪怕身上添了很多新的伤痕，心中有着很多的怨言与不解。但是自此之后，当我们面对更加严厉的训练时，明显不再那么畏惧，我想这就是承受磨难带给我们的面对苦难的淡定与从容吧。

每个男儿自小或多或少总有一些英雄情结，而枪的属性定位迎合了我们的这种情结。在防化学院上的几节射击课，我们熟练掌握了95式步枪的拆装。射击场上，枪声在山间回荡，经久不息，这种声音别于日常听闻的鞭炮声，更有战斗的意味。

当然，战术课也是一个不得不提的话题。此次本是三个课时的战术课，前两次课时因为下雨，场地不适宜，所以将三个课时的内容压缩为一个课时授课。也正因为如此，我们就明显有些吃不消。战术课的授课人人称"小马哥"，是一位非常严肃、严格、严苛的老师。据说他多年潜心研究战术，所以战术动作潇洒飘逸，身上该脏的地方脏，不该脏的地方一定是干净的。他只教给我们"低姿"和"侧姿"两种爬战术的方式。接下来，就是在全是石头的战术场地上一次又一次地练习。那时候地表温度是四十多度，贴着地面的肚皮就像在灼烧，中暑倒下了四五个兄弟，他们在一旁休息，剩下的继续。教官们还玩点花样，诸如战术接力赛、与教官对决赛，因为我们初学不久，又没有经验，所以手臂、膝盖等多处挂了彩。但是我们也明白了一个道理：有些时候，人的劣根性总是会让我们显得矫情且懦弱，明明还有潜力，还有力量，却在精疲力竭的时候不再坚持一会儿，达到自我的极限，并超越它。而此次训练带给我们的就是敢于超越极限的心态和无所畏惧的勇气。

在这段集训的日子里，即使是周末发手机，休息两个小时，也有让人措手不及的紧急集合。教官们称其是为了让我们时刻保持紧张状态。这导致我们没有多少时间洗衣服，衣服上汗水、雨水等交织混合在一起，散发出一股让人作呕的味道。而且也没有更多的衣服去更换，因为每一天都会在不同的课时之间进行多次不同的换装，且都是在匆忙之中完成。当然我们也接受了"换装游戏"的训练。就是给你两二分钟，上身着迷彩服，下身穿常服裤子，头戴迷彩帽，右脚穿袜子，左脚不穿袜子，或者上身着体能服，下身穿迷彩裤，头戴大檐帽，左脚穿拖鞋，右脚不穿鞋等随意组合，各种花样。但正如一位国防生兄弟发在朋友圈里的话那样："这身橄榄绿太干净，干净即稚嫩，它只是一个半成品，亟待烈日、暴雨、碎石、沙尘的洗礼，方能显出英雄本色。"

集训过程中我们也有着别样的心路体验。有一次训练后经过一个小山庄，那里道上开满了不知名的野花，蝴蝶蹁跹追逐，嬉戏于其间，垂柳随风摇摆着，一座喷泉喷洒出七彩的珠帘，与边上的雕塑相映成趣，俨然一个世外桃源。那一刻，大家都有一种进入仙境的感觉。其实，若是在平时，那不过是寻常之景罢了。但是在集训那样一个整天精神高度紧张的情况下，一切都变得珍奇美妙，且充满生活的张力。这样的事例还有很多，比如有一次在我们训练完饥渴难耐的时候，班长拿了一块西瓜，微笑着说我们表现不错，那是给我们的奖励。条件是在二十秒内，我们寝室七个人一人一口吃完，吃完还要完成拖地、扔西瓜皮之类的后续工作。那是我迄今为止吃过的最快的，也是最甜的西瓜。同样的事物对每个人的意义不同，而在不同的情境之下，不同的事物又有着各异的意义。因此，学会珍惜也是我们在此次集训中所得到的宝贵体验。

我们在"一、二、一"的呼号声中迎来朝阳，在似乎永远不会结束的队列训练中鏖战烈日，在漫长的五公里中送走日暮，在骤雨中挥洒汗水，在鲜血与伤痕中感悟成长……我们没有时间去思考自己能否坚持下去，也许在那个时候，畏惧离我们很近，而无畏也毗邻紧随，两者相互进行着博弈。我们在"自己选择的路，跪着也要把它走完"的信念中坚持着、证实着勇者无敌的道理。在一个充满了血性的地方，没有人会同情弱者，只有铮铮铁骨才能获得尊重，因此"脚伤了练手，手伤了练腿"就成了我们训练的常态。而这也许就是磨砺的真正意义，它让我们更加明白自身的身份与使命，只有自己变得强大，才有能力去守卫我们挚爱的土地和人。

在集训的一个月中，有着诸般快乐，也充斥着许多苦痛。见识了竞争的残酷，也见证了兄弟情义的珍贵。在部队，集体意识的养成很重要。都说部队里面的兄弟情谊很真、很纯，这其实都是在一次次甘苦与共的日子里培养起来的。以前我看电视剧《我是特种兵》，老炮班长在小庄新兵连的时候，问了他们一句话："你们有谁愿意在战场上为我挡子弹？"而后，他说他愿意为他们中的任何一个人挡子弹，当时我的想法是毕竟是电视剧，过于艺术化。直到集训回来后我再次重温这部剧，我突然间理解了那种情感，也理解了他们经常说的同生共死在部队里并不是一句虚言。

我们曾千百次地想要在离开的时候对着大门大喊一声："防化，再也不见。"但当车驶出防化大门的时候，当所有的班长、排长、连长列队向我们告别的时候，所有的兄弟都回过头去呐喊着"再见"，都非常感动。终于，一切都过去了，那些度日如年的日子，变成了夜里有点响动就不自觉地醒来去摸背包绳，早晨四五点自然醒等的自然反射。但是正如作家许渊冲所言："生命并不是你活了多少日子，而是你记住了多少日子，你要使你过的每一天都值得回忆。"正是因为这些磨难在我们大脑中留下深刻的刻度，让我们在磨砺中触摸生命的温度，使得我们生命的宽度得以拓展。这就是每个法大国防生一段梦幻般的青春故事，这就是萦绕在我们每个人心头的"噩梦"。这个"噩梦"锻造了、成就了一届又一届的法大国防生，并将永远成为我们建功立业、保家卫国的力量源泉！

原来那曾是法大里的小幸运[*]

梁亚伦

2017 年 5 月 26 日，国防部新闻局就国防生招生政策答记者问，"从 2017 年起，不再从普通高中毕业生中定向招收国防生，也不再从在校大学生中考核选拔国防生"。

法大国防生这个名字，也从这一刻起正式进入了倒计时。这就意味着，2020 年之后的法大校园，春与秋再也不会响起嘹亮的口号，冬与夏也再难见到整齐的队列，一切关于这个群体的记忆将随着时间的不断流逝而成为历史，成为师弟师妹们茶余饭后的谈资，甚至成为一种传说。

情不自禁地会失落，想写点东西纪念一下，不只是为自己曾引以为傲的这身军装，不只是为四年法大红与橄榄绿交织的青春，更是想为这个群体留下一些能够在午夜梦回时被记起的一瞬。

> 我眷恋齐步从操场到兰一
>
> 我听见远方嘹亮军歌响起

是每天早训时的情景呀。多少次惺忪着睡眼，不情愿地爬起

＊ 作者：梁亚伦，中国政法大学民商经济法学院 2016 级本科生（国防生）。

来穿上作训服，迎着初升的太阳，开始了运动场上那一圈圈令人疲惫却又恨不起来的循环。杨教官口中的数字是大还是小往往决定了早操回去要不要补个觉。"跑步五圈。""得，回去再睡会吧!"嘴上说着，却又总是在带回的路上一路踏歌，从操场到兰一的途中总是会有早起的食堂阿姨与环卫大叔欣喜地看着我们归时的队伍，路过梅二楼下时又总是不自觉地踏齐了脚步。

> 警徽下帽檐要与两眉平齐
> 军姿时　笔直的手臂

是夜训的时候孙老师来探望那心疼的泪水吗？是防化集训的时候队列会操皮鞋磨破脚掌的血水吗？是三支队毒辣的骄阳下流进眼里的汗水吗？我不知道，只记得我依旧能够一字不落地背诵军姿要领，依旧会在深夜走廊里试一试四步立定的感觉，依旧会把带着金色警徽的大檐帽挂在床头。似乎这个身份有一种天然的黏性，我在很多时候依然会将自己和这个身份紧紧地绑在一起。

> 那年的宣誓里还写满懵懂
> 如今成熟轮廓已有几分

大一授衔仪式时的场面仿佛发生在昨天。那时候戴上崭新的一道杠，回想着新训的辛苦与付出，竟会被自己感动到眼泪流出来。有时候会在深夜翻一翻那年的相册，然后再写点什么来感慨一下这种成长与成熟。有时候你不得不去承认这些别样的青春经历让自己真的成长得特别快，有时候一件事过去，人生如顿悟一般地成长为另一副稳重而沉默的模样。

119

你温暖了每个飘雪的黄昏
每一个　炽热的眼神

不得不说，法大的大环境对这群准兵哥哥真的相当友好，大家会认可你为学校作出的一点点付出，会记得你起早训练的身影，会对你们的打扰宽容地表示理解。这个队伍里不乏带有矢志军营之初心的人，不乏为了成为一名军人而间接选择法大的人。我见过这种兄弟"真男人"的眼神，那种为了集体挺身而出，胸中似燃烧着熊熊烈火的那种眼神。

队列口号呼应着清脆哨音
一尘不染凝眸看见你真心

经常会有人问，为什么要当兵呢？我听过最朴实的回答来自刑事司法学院的一位国防生师兄：因为看了《士兵突击》，就是想当兵！确实，这种来自本心的热情是任何情况与任何变故都无法改变的。有了这种信念，永远都愿意争先，都愿意冲在队伍的最前面。我见过这种泪水，那种一心从军报国却时运不济时的似乎是无奈的泪水。

没有谁能轻易忘记
你们是风里夜里默默闪烁的启明星

当行将结尾，国防生的存在感在校园里越来越低的时候，这个队伍里越来越多的人选择遮掩身份，不再引以为荣的时候，这个集体却仍然在为法大可以更好而尽着最后一份力。今年荣聚法大的舞台，当我看到孙征独自一人在舞台上为橄榄绿领了最后一个奖杯的时候，只觉骄傲又悲凉。它就要不在了，它却值得最独一无二的荣耀。

> 原来那曾是法大里的小幸运
>
> 原来你们曾是这里最深沉的回忆
>
> 端升的灯窗里伏书笔记
>
> 清晨扫雪足迹
>
> 一幕幕都是你
>
> 不舍再见橄榄绿

又怎么能不是一种幸运呢？法大红邂逅了橄榄绿。却又怎能不令人惋惜呢？十几个春秋恍如一梦。十几年里，这个群体里涌现出了各个领域的人才，活跃在法大校园的角角落落。不乏学业佼佼者、运动健将、社团达人、摄影鬼才、文案高手，等等。可当他们整齐划一地穿上军装，于法大而言便只是一名学生，一名无坚不摧的战士。你见过雪后清晨的宪法大道吗？或许多年后当这一代法大姑娘已为人妻，会给怀抱中的"小小法"讲述这年冬天专属于那群扫雪人的法大故事吧。

> 与你相遇　好幸运
>
> 阳光下奔跑少年清澈纯真的笑意
>
> 但愿这不再往复的记忆
>
> 给我更多勇气
>
> 续写无悔军旅
>
> 为未知的幸运

　　或许"奔跑"真的是与法大国防生四年中关系最为密切的词语之一了吧，无关考核，仅仅是一种习惯或者爱好而已。国防生让多少曾经的小胖子变成帅小伙，让多少曾经沉迷于宿舍电竞的"肥宅"变成了热爱健身与户外的阳光少年。当他们进入军营，抑或是成为一名法律工作者，这种爱好习惯带来的益处都将是用往后余生来计算的。而长距离的奔跑所教会的坚韧不拔、坚持不懈的优秀精神品质更将是使他们终生受益。

　　前几日与一位在指挥学院任职的师兄聊到最新的军改关于军衔制改革的问题，提到即将实行的新军衔制度将会使肩上的星星掉一颗。我一直在表达惊讶，而他却显得异常平静，给我娓娓道来其中的意义令我感慨万千！部队果然是可以塑造人的地方，是可以让人变得不再那么计较个人得失、充满家国情怀的地方。哪怕前路皆是未知，甚至诸多坎坷荆棘，仍然吸引着有志青年奋不顾身地奔赴。

> 青春是能够与你并肩同行
> 拥有着不曾预见的美丽
> 来不及再说一句那年今日
> 转眼就要各奔东西

　　短短的四年法大时光，也有幸见证了国防生师兄与法大师姐之间令人艳羡的爱情。是早操前环阶教室里占座的身影，是训练场边那一袭洁白的长裙。记得一位熟识的师姐曾在微博里这样写道：今天他就要毕业了，下次再见面就是异地恋加军恋了。我只想说，我要把我爱的兵哥哥永远宠成孩子。

能否再次升起鲜艳的国旗

能否再见庄严肃穆的军礼

都逐渐冲刷了记忆

还有我们赛场夺魁演出顺利的欢喜

　　选培办朱副主任曾经说过一句令人感动的话：我们国旗队哪怕只剩下一个国旗班、国旗小组，我们最后也要把国旗叠得整整齐齐，交还给法大。是啊，法大四年匆匆，我们毕业后，这些往昔最熟悉的场景，又有谁去描绘呢？《士兵与枪》《时刻准备着》在礼堂引起的轰动只怕再有多少届"一二·九"舞蹈大赛都难复刻了吧。谢幕总是带着伤感，那就不妨把这记忆勾勒得再难忘些，再惊心动魄些。

原来那曾是法大里的小幸运

原来法大也是心里最深藏的回忆

那在军旗下宣誓的坚定

那奔跑在雨里

一幕幕都是你

梦中牵挂橄榄绿

　　是多少笔画才能写尽的情景啊！哪怕当时的我们青涩到现在的自己都不愿相认，哪怕若干年后再没有别人记得。照片会腐朽，记忆终会被深种。我还是会翻一翻防化集训的纪念册，上面或许有很多人已经叫不上名字了，或许有很多人已然与军队无关了，但还是会想起那些蝉鸣聒噪敌不过哨音清脆的午后，那些狂奔在雨里全然不顾丢了半只鞋子的集训，那些只会在梦里才会有的无悔绿色青春。

与你相遇　好幸运
阳光下相遇时是我们最好的年纪
但愿在各自翱翔的天际
勇敢张开双翼
当我再想起你
还是那么幸运

　　法大四年尚未完结，无法去定性分析与评价。但在国防生专章里，我永远都会把这些一起扛过枪、一起在雨中奔跑的好兄弟浓墨重彩地加以刻画。有血有肉，有情有义，彼此都把最美好的青春分享给最真挚的朋友。法大的相识相知，我们视之为一种上天的恩赐，视之为一种福分，一种专属于我们的小幸运。终归是有分别，那就让我们在这一天来的时候更加坦然与从容。

　　歌唱完了一首，而有关法大、有关法大国防生的记忆却远远没有说出百分之一。那些珍藏在法大与我们每一位法大国防生心底的独家记忆，永远都在循环播放，从来没有暂停过，哪怕只是一秒。

　　来来来，吉他给我，我想把法大国防生的故事，再唱给你听。

明天五点，我在学活等你

共青团中国政法大学委员会

学活，是法大昌平校区学生活动中心的简称。学生活动中心坐落于端升楼西侧，礼堂北侧，三层楼的小小身躯，承载了无数法大人难忘的大学记忆。

一楼自 2017 年装修后，增添了许多桌椅以及物品架，光线充足、环境优良，并配备了自动咖啡机，还有免费书籍可供借阅。于是这里成了同学们自习和小组讨论的根据地。无论是什么课程的小组，不管小组成员最初是否相识，他们的第一个"碰头"地点几乎都是学活。在这里，你可以看到社团的负责人在给同学们发放志愿服务认证卡、收取勤工助学工作考勤表，也可以看到选修课的课代表在等着同学们交作业。当然，你可能还在这里看到过，舞蹈排练室和地下舞排里翩翩起舞的身影，早上六七点晨读打卡的同学们，以及无偿献血报名处前长长的队伍……每周五的下午，这里还会有学生干部们组织的"争鸣交锋会"，大家在这里讨论时事热点，积极发言，交流各自的看法，思想的碰撞十分有意义。十几年间，同学们在这里观看过神舟六号的发射实况，也观看过党的十九大开幕式直播……

2017 年 5 月 3 日，中共中央总书记、国家主席、中央军委主席习近平到中国政法大学考察。习近平在校党委书记石亚军、校

长黄进陪同下，来到学活一层大厅，民商经济法学院本科二年级
2班团支部正在开展"不忘初心跟党走"主题团日活动。总书记
走到他们中间，认真倾听，并参与讨论。结束后，习近平来到学
活三层会议室，同中国政法大学师生和首都法学专家、法治工作
者代表、高校负责同志座谈。学活，见证了法大重要的历史。

　　三楼的学活学报，是学生活动中心学术报告厅的简称。2004
年5月22日，法大学子期待已久的中国政法大学第十次学生代表
大会预备会议在新落成的学活如期召开。这里见证了法大各项工
作会议的开展，也记录了法大学子丰富的校园文化活动。学活学
报开展过教师代表大会、教师节表彰大会、青年教师协会成立大
会以及各类座谈会，当然还有各院的品牌活动、迎新晚会、社团
的联谊活动等。偷偷问一句，你是否有过在三楼分不清位置迷路
的经历，或者听论文指导讲座迟到偷偷入场的经历呢？假面晚会、
曲艺专场、配音大赛、职业生涯规划大赛、模拟新闻发布会……哪
一场活动又让你记忆犹新？

　　如果社团生活是你大学生活的重要内容，那么"学活"二字
一定让你倍感亲切。并且，二楼一定是你的常驻地。学活可谓承
载了大多数法大人的社团记忆，因为这里除了可以举办各类社团
活动，更是许多校级和院级学生组织的"根据地"。为了一场活
动、一次会议，大家一次又一次在办公室里写策划、邀请嘉宾、
讨论细节。

　　如果你爱好文艺，也许二楼的琴房是你大学四年享受音乐和
自我独处的地方。在这里，理论阅览室里有人在静心学习，社团
办公室里有人在抱着电脑敲敲打打，琴房里会时不时地传出美妙
悦耳的琴声……

　　学生活动中心，看似简单的称呼，看似普通的小楼，却让我

们看到大学生活最美妙的部分之一。在这里，留下了多少欢声和泪水。在这里，新的故事正在不断发生。记得我们的约定，明天下午五点，我在学活等你。

以文之渊，筑法之阁[*]

——我的法大图书馆情怀

陈　琦

人生犹如珍宝典藏的汪洋一片，各支洋流汇集于此，方才成就其广博与浩瀚。书海，正是这不可或缺的洋流之一。

虽没有在全国大学最美图书馆排行榜上名列前茅，但却名副其实是全亚洲最大的法学类图书馆；虽没有高耸入云的建筑与广袤的占地面积，但紧密罗列的书架亦足以满足法科生的需求；虽没有华丽的装潢与复杂的设施，但所蕴含的气质足以令人心向往之。

2018 年 9 月，我的法大之旅，以文渊阁、法渊阁为起点，正式启程！

文渊阁，青春之梦掷地有声

走出北门，穿过马路，小院内的二层建筑透露着与众不同的气质与魅力，这便是文渊阁了。

一层，收藏了 2003 年以前不同类别的图书，包括经济、哲学、法律、文学、历史等多达 17 类。推开门的瞬间，古铜的色

---

* 作者：陈琦，中国政法大学法律硕士学院 2018 级硕士研究生。

128

调，伴随着阵阵墨香，仿佛置身于一座历史悠久的博物馆，于书架之间走走停停，犹如欣赏一份来自 20 世纪的艺术品，唯美而不失专业。

二层，是学子们的备战场。三百多平方米、三百多个座位的自习室时常座无虚席，可见法大学风之浓厚。在这里，心无杂念，众生平等，既有隔绝外界纷扰之安静，又有沉醉知识海洋之满足。

这里，是读书人的圣地；这里，是法大人的桃源。这里，令人向往，令人享受，更令人怀念与回想！

法渊阁，留意之处繁花盛开

迈上二十六级台阶，伴随着刷卡后"叮"的一声响，便正式走入了法渊阁。正前方四十五度的仰望视角，一个硕大的"法"字庄严地立于墙壁之上，彰显着法渊阁之气派，同时又饱含了对法大学子之希望。各类外文翻译营造出一种众星捧月之势，使得这个"法"字在庄严之外，又折射出令人心驰神往的神秘与灵动。

一层，咖啡的浓香飘然弥漫，久未散去，池鱼彼此为伴，惬意而悠然，孤单的钢琴立于大厅中央，形成傲然之势，借阅室与自习室比邻而居，略显亲密。轻声蹑步进入自习室，埋头认真、奋笔疾书的学子令人赞叹。在最美好的年华，将最阳光的自己，交给最未知的未来。青春无悔，大概最能诠释莘莘学子努力无畏的样子了吧。第一借阅室内珍藏的是各类典籍，历史地理、自然科学、医药卫生、工业技术、航空航天、环境科学等交相辉映，使得第一借阅室更显谦虚与繁荣。

二层，獬豸镇馆，绿植环绕，颇具文艺气息。第二借阅室的广阔空间内，囊括了哲学宗教和政治法律等许多珍藏版书籍，从民法刑法到党章党史，从社会科学到政治理论，从宗教起源到哲学思想，正所谓只有你不想阅读的，没有它收藏不到的。当徘徊于书架之间，被它广阔的容纳性所震撼之余，略感疲累之时，可暂停脚步，驻足案桌之前，随手取下一本书，静静地翻开，探索书中世界的奇妙与未知。

三层，延伸出的两小块空地仿佛空中楼阁一般，在几根柱子的支撑之上，宛若法律严谨的界限之外附着的对生活的向往与憧憬。于下仰视，那是看似遥远又举手可触的未来；于上俯瞰，那是身居高位又心怀贫苦的正义。第三借阅室内，科学教育、经济文化、语言艺术的相互融合，使得第三借阅室在专业之余又增添了一丝温暖。在 B 区座位的窗外，是大小刚好合适的阳台，盛夏，那里有枝繁叶茂可欣赏；深秋，那里有落叶飘然可记忆。我想，初春，那里大概有最稚嫩的翠芽可远观；寒冬，那里大概有最圣洁的雪花可留念。

四层，仿佛是最接近苍穹的地方。第四借阅室囊括了各类外文图书和我国港台地区典籍，也许正是由于这个缘故，使得第四借阅室增添了一丝异域风情。某天闲来无事，跑到四层打算看书。徘徊在书架之间，挑中了一本《紫禁城的黄昏》，这是一位英国作家的原著本。刚取下的瞬间，看到书架对面的一个男孩，也捧着这本书，阳光穿过书架，照在他的左手上，那手指白皙而修长，翻动略显微黄的书页，棱角分明的下颌线在白衬衫的映衬下更显青青与活力。那男孩抬起头，目光落在我手中的书上，与我相视一笑，在微寒的初秋，那是我见过最温暖与治愈的笑容。

这里，是理想萌芽的地方；这里，是梦想开花的圣殿。这里，有装满历史记忆的宝盒；这里，有象征法律庄严的徽章。这里，是承载未来希望的发源地！

以文之渊，筑法之阁

文渊阁与法渊阁，一南一北，遥相呼应，仿佛是法大学子奔向未来之路的灯塔，指引方向的同时，也为学子在疲惫之途提供休憩之所，是法大人的精神殿堂。

法大人，当有文之博学，法之渊博。习文以博采众长，修法以秉持正义。文法兼修，方能不负法大之期望，彰显法大之特色，代表法大之正义，发扬法大之精神，传承法大之情怀！

愿每一位法大学子，走出文渊阁和法渊阁，走出校门踏入社会之时，可以永远保持一颗赤子之心，挥法律之利剑，持正义之天平；除人间之邪恶，守政法之圣洁；积人文之底蕴，昌法治之文明！法大之旅将会是人生路上最精彩纷呈的篇章！

银杏树[*]

李 洁

　　一进校门，远望宪法大道，银杏树像是开了花，很是璀璨。

　　好像是发现了一件吉事，他们止不住地颤枝欢笑。风月琳琅，黄而温柔，迎光则烂漫。草木的清香混着泥土厚实的味道，如回忆般温暖，稳妥安静。闭上眼睛，只有完完全全地把自己交付给这片灿烂，用五官六感一寸一寸地去抚摸，才能感受到它们敞露的美丽，昂然自怡，叶脉分明，枝叶葳蕤，树干挺直，从不惧风畏雨。

　　正如史铁生所言："被你洗掉了的种种排列，未及存在就已消逝。"而你循着本心与梦想，奔向中国法学最高学府，来到法大，成为法大人、法律人。不驰于空想，不骛于虚声，惟以求真的态度作踏实的工夫。于一声鸟鸣中醒来，在如徽章的月光里睡去。法大，是早起时初露的曙光，是手头不舍放下的书，是桌上长亮着的思辨，是独立时却不孤独的陪伴。

　　在蓬勃生长的过程中，宪法大道上的银杏树与途经的每一个人共担寒潮、雨夜、冬雪，共享晨光、夕阳、晚风。

　　而冬临时，风一路过，耳边便是叶落之声。落叶染作金黄色，在宪法大道上铺满了风景和繁盛。一片叶子落下自己的一

　　* 作者：李洁，中国政法大学法律硕士学院 2018 级法律硕士。

生，它的瘦削、繁荣与坚毅也同时落在每个人的心上。除去枝叶修饰的树干，笔直、坚挺，直直地像是要肩住黑夜和凛冽。落下的叶子，只愿成为滋养他人的辅料。这法大的银杏树哪，活出了老舍所描述的姿态："爱与希望的根须扎在土里，智慧与情感的枝叶招展在蓝天下。无论是岁月的风雨扑面而来，还是滚滚红尘遮蔽了翠叶青枝，它总是静默地矗立在那里等待，并接受一切来临，既不倨傲，也不卑微。"

校风是什么？不过是糅合在那些细微的生活情景中所形成的人文之底蕴，岁月为食，用以滋补塑造法律人。与良师益友的同行，是对法律和智识的追求与信仰，是以理性逻辑为起点的思索。以实证法为依据的法律教义学融合于经典、自由、正义、公平的哲思，教会的不是一家之言，而是思辨的能力，是在多元化社会中遵循法理依据、独立思考的能力。在这收获的、领会的、明悟的一切形成合力，推动着走在宪法大道的少年以法治天下为梦想，为探索中国当代的法治道路上下奔走。而这，都是在法大长久生活的结果。

自此，你带着本我而来，在此被塑造成为真正的法律人。又以此为起点，秉着初心，在为法治事业拼搏的征程中不断前进。在你始终带在身边的法律书中，夹着一片银杏叶，形似鸭脚，很是鲜活，一如当初你走在路上，落在你怀中的样子；一如当初的你，以德为基，以法为剑，一往无前。

年岁渐长，也许，当你在广漠的人海里与邪恶谬误抗争时，你曾畏惧法律工具虚无化的逼问与嘲讽，惧怕在沉重的生活中失去本心，违反法之精神。但每迈出一步，你的内心都有指引，指引的不是答案，而是方向，是从始至终对法律的信仰和对真理的追求。你错步几近偏离，但这一缕柔软却坚毅的力量告诉你：你的骨子里仍然保有良善和柔软，你依然坚守法律人的价值理性，愿意持正义之天平，除人间之邪恶，守政法之圣洁！

也许，你曾在追寻法律和真理中常遇困苦与迷惘，但不要怕，立身正，不枉法，法大会领你回家，带你回来看宪法大道上的平仲树，它们，会告诉你。

某法"妖风"记[*]

钟雨萱

某法,学堂也。方其草创,一异人司兴造,斜横屋宇,贯通阡陌,成四季朝阳之局,助千人光暖之益。然此局暗合巽行之向,终年四时,狂风肆虐,不知所止。某法处于冷燕地,风来而寒意骤起,风来而水汽尽失,余人苦之,故属文以记。

府学一路,驰平千米,已少滞碍,然某法正门为界,尚风力迥异。若墙外叶落,则墙内枝折;墙外行人拔袖,墙内学子抱衣。尝有他门学子问:"某法校风何如?"答曰:"甚大!"以为笑谈。

宪法大道,串连南北,道路坦然,银杏夹道,烈风浩荡,长驱直入,畅然无阻。午间散学,多有持单分发呼号者,寒风肆虐,十指俱僵,单束凌乱。其为揽英才,宣讲座,鏖战恶风,勉然持业,可敬可叹。

军都楼,交通有无,裨补食用,商贾云集之所,师生会聚之地,地灵人杰,风亦得益,几近成"妖"。每风起,疾于光电,势如奔马,非千钧之躯、千金之裘不可御。学子行至道口,皆如临大敌,聚力屏息。然"妖风"悍甚,虽毅志强骨,亦不免衣袂披零,须发偾张,四肢栗栗,灵台昏昏。此所谓"漫道军都好,

---

  * 作者:钟雨萱,笔名涧澄,中国政法大学法学院 2018 级本科生。

狂风大放颠"也。

北行百米有体育场，土地平旷，界限井然，篮网并立；又有蹴鞠场，环以跑道，学子多于此奔走健身，锤炼筋骨。风起逆行，如撞南墙，虽利足不能更速；风来击球，如触大浪，虽强力不可制之。

然某法"妖风"，既有灵性，自是美物。春来乱抚柳弦，戏扰莺歌，穿花弄叶，带露携香，谓之玉兰风。夏日风少定，驱暑气，引林声，摇枝落爽，清泠可爱，谓之翠竹风。秋分而后，漫天飞彩，遍地铺金，天朗气清，浩然畅快，谓之银杏风。数九寒冬，枯枝萧然，嶙峋风骨，霜雪悄结，生机暗起，谓之雪松风。如太守言："四时之景不同，而乐亦无穷也。"

况某法名校，门多俊杰，精诚向学，心无旁骛。晨起寻良座而学，穷冬烈风不能阻，晚结伴负箧而归，披晚风，戴明月，终日学有足乐者故。言及大风，曰："吾等一身正气，区区'妖风'，何足道哉？"及军都风巢，栗栗而过，然次日犹早晚迎风，不改弘毅。再言"妖风"，唾之，大笑而去。

谚云："一方水土，一方人物。"诚哉斯言！

风通天地起，法析古今成。

穷境锤筋骨，厚典炼精神。

春朝好论道，秋夜宜挑灯。

沉疴俱吹去，岿然浩气恒。

涧澄

2019 年 3 月 12 日

你的真诚*

武才媛

十一月初是银杏叶飘落的时节。法大的校园铺上了鹅黄色的银杏叶地毯。在这个小而精致的校园里，若要用一个词形容法大，"真诚"该是很适合的。

有一群人各自管理着校园的一部分，合在一起，就是法大。

阶梯教室里，晚上十点半，"孩子们，时间到了，走吧走吧……孩子们，时间到了，收书吧"。每逢晚上看书至十点半全十一点，大爷总会准时出现，提醒我们该回去了。有时你因一天的学习收获颇丰而喜悦，恰逢大爷说话，更释然轻松；有时你因未完成任务而感慨大爷这就来了，大有时间太短之意。逸夫楼的大爷有一个喇叭，清理楼道的时候它可以派上大用场。"法大是个女儿国……""孩子们回去吧，早睡早起身体好……"第一次听见大爷的喇叭就觉得很有趣。他清理楼道的话语里多了几味温情，就像寒冬里的暖手袋。听到这番话的人喜笑颜开的那一刻，自然也感受到了法大的真诚。

有一群人在法大教着各个学科，合在一起，就是法大。

足球课上老师说道："足球如果只是课上练一练，课下就忘了，这哪成啊。手比脚用得多，脚没有手那么灵活，课下要多练

　＊ 作者：武才媛，中国政法大学国际法学院 2018 级本科生。

习。"虽然每一次上完足球课我们都觉得身心俱疲，坚持下来却觉得很有收获。一些训练看起来很有挑战性，没有做熟悉的时候感觉自己是摇晃的企鹅。老师会检查每一个同学的动作："身子不能向后仰""重心落在左脚上""用内脚背"等。颠球在我看来是很痛苦的事情，考核时是连续四个为及格。那时我做到四个的概率是1%，大部分时候都慌乱地以两个球结尾。去年的冬天，晚饭后我们就去借足球，然后练习、回忆老师的方法不断练习。直到后来考核时确实进步了，觉得自己和足球更加亲切了，便开始真正爱上了足球。老师看见我们懈怠时总是一如既往地鼓励我们坚持。颠球这件小事，从来就不简单。

法大的足球课老师教我们的不只是足球。"传球的时候要先看一下自己传给谁，要先计划好。人无远虑必有近忧。""传球的时候要快，兵贵神速！做其他事情也是一样的，相同的时间下，速度很重要。"尽管现在已经不再上这些老师的课，但他们真诚的话语却一直回响在我的耳畔。这些话语像清晨的闹钟催人早起，像林间的水雾使人平静。

"我们的司法实践上曾经有一段时间，大部分的案件都没有严格地审查构成要件，而是直接以结果来判断就直接定义是不是正当防卫。""不过近年来情况转变了，司法实务中不只是看结果，而且还要看其他的构成要件，不只是站在事后的角度，而是站在一般当事人的角度。""大家不能随便地改变这些要件的判断顺序，我给你们举一些例子。你们看看混乱顺序的结果。"讲《刑法总论》的老师总是提醒我们各种不能犯的错误。这些提醒可以不做，老师却一直坚持要我们真正地理解背后的价值衡量。我总是可以感受到她的谨慎和责任感。法大人要真正地理解法的价值，不能看错了法。

有一群人奔走在校内校外，他们为我们带来了丰富有趣的社团活动，合在一起，就是法大。做志愿、学术研究，办比赛，创期刊等，这些活动都丰富了我们的校园生活，使法大人找到和自己志同道合的朋友。有时我们在社交平台上发布的一些有趣的活动，背后正是这些真诚的人在服务和奉献。

我的家乡离法大太远，远到初来学校时，一切都太陌生。从冰凉的陌生感到温暖的熟悉感和依赖感，这些都离不开法大的真诚。每学期开始时，我拖着大大的行李箱来到法大，学期结束再回家。一个学期不过短短几个月，相遇的人也会说再见。然，说完再见不代表故事就真的结束了，那些真诚的人，都以若隐若现的方式陪伴着我、温暖着我。

"青山依旧在，几度夕阳红。"法大的真诚像青山小溪一般，"润物细无声"，陪伴着来来往往的法大人。

凌晨五点半的星夜[*]

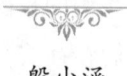

殷小涵

第一次听到哈佛凌晨四点半的故事，还是在念初中的时候。当时无比惊叹于哈佛学子对于学习的顽强意志，在心里也偷偷地立志，想要成为和他们一样优秀的人，虽然到现在看来那依旧是一个遥不可及的梦。后来对于哈佛凌晨四点半如同鸡汤文的大肆宣传，也让公众怀疑其真实性，四点半的故事也就逐渐消失在大家的视野里。无论哈佛四点半的故事真实与否，我的的确确见过法大凌晨五点半的星夜。当凌晨法大校园的安宁与人头攒动的壮观碰撞在一起时，内心是会感到震撼的。

我所说的正是占座，它似乎已经成为每一个法大人的专属记忆了。

这学期的每周二，我都要上刑法课。刑法课被安排在阶梯教室上课，然而再大的教室也难以容纳如此众多热爱学习的同学们，这份无处安放的热情飘荡在法大的每一个角落，温暖着寒冷的冬日。由于我已经有两次在值班室借凳子上课的经历了，所以我也想早起去占个座。早就听别的同学说占座是一件有些疯狂的事，需要很早很早起床飞奔去教学楼，有时教学楼还没开门，甚至要在教学楼门口排队等着。尽管如此，我依然想要尝试一次，

　＊ 作者：殷小涵，中国政法大学刑事司法学院 2017 级本科生。

我总觉得在法大没有经历过占座，或多或少会有些遗憾。

那一日，我设置了凌晨五点半的闹钟，或许是心中一直挂念着要早起去占座，整夜都辗转反侧。还未等闹钟响，我就已经穿好了衣服来到水房开始洗漱。此时水房里空无一人，窗外路灯还开着，一圈一圈的光晕随着冬日的雾气聚集起来又逐渐散去，心里竟有一丝自豪。走到宿舍门口时闹钟才响，刚好五点半，却发现宿舍门还没有开。于是我走上二楼，站在窗边。冬日昼长夜短，天未明，夜依旧很浓，天空中没有闪耀的星星，只有一个未盈的月亮独自在黑夜里散发着微弱的光芒，整个校园都沉浸在漆黑的宁静里，这种安宁让人心里觉得很踏实，窗外的寒风一股股向室内灌进来，冷冽得让人很清醒，丝毫不再有睡意。看着窗边的夜色，感受着肆虐的寒风，渐渐地我听到了一些脚步声，于是我走下楼去，已经有好一些同学站在门口等待着开门。六点一到，大家都向门外涌了出去，飞速地向教学楼奔跑，途中还撞见很多从不同方向跑向教学楼的同学，教学楼也是刚刚才开门。脚步声伴随着风在耳旁呼啸的声音密密麻麻地传入耳中，夜的宁静就这样被打破，相比安宁，这样的声音和这样壮观的场面才使这个冬夜有了生命力，更加让我觉得震撼。本以为不会有太多同学真的愿意为了占座而那么早起床，可事实是，当我走到教室的时候，很多同学已经贴好了条准备离开，很多同学正在贴条，细数一下，贴的条已经到了第八排、第九排。原来真有那么多的同学可以为了学习，为了在前排听老师讲课而抵御寒冷冬日温暖被窝的诱惑。

对于占座这种行为，在很多学校其实一直都有争议，我自己也不太认同这种行为。经历了一次占座，我才深刻地感受到法大学子们求真务实、勤学奋进的精神。在北京，我也曾去过很多高校，去参观，去交流，对比之后，真真切切地为母校的浓厚学风感到骄傲。有一些社会观点认为，大学似乎是一个任由我们放纵、非常自由潇洒的四年生活，是中学备考生活的一种解放，我不否认，的确在一些大学里有很多同学抱着这样的态度度过了愉快的四年，可是四年之后却发现没有什么收获。法大的校园里充满了勤奋、正义、上进与勇毅，在这样的环境里，在周围同学的影响下，我们不自觉地也会想要去追赶优秀同学的脚步，而不是选择随波逐流。或许很多年后，我可能会忘记某一节课上老师讲过什么，可能会忘记我曾经背过的书，但法大同学孜孜不倦的精神我永远不会忘记，大家早起去占座的画面我永远不会忘记，凌晨五点半的星夜会永远留存在我的脑海中。

我也曾见过法大凌晨五点半的星夜，很震撼，很难忘。

小法的早晨[*]

张晓娟

　　一弯新月挂在漆黑的夜幕，窗外的枫叶随着风的旋律翩翩起舞，舞罢了一曲，便退了场，睡在窗外的大树根下。

　　窗内的六个女生仿佛都还在睡梦中，突然一阵音乐从小法的被窝里钻了出来，除了小法，其他的女孩子都醒了。

　　"小法，小法，快起床占座。"睡小法上铺的女生摇了摇床。

　　"噢！好的。"小法从睡梦中醒来，都没来得及去回味梦乡，便慌忙坐了起来，在睡衣外面裹了一套厚大的羽绒服，又穿上棉拖鞋，这才打开手机里的手电筒，找到了桌子上提前准备好的占座条和胶带，一把揣进兜里，像个勇士似的冲出了宿舍。一路小跑到了宿舍楼门前，这时前面已经有很多女孩子在排队了，小法看了看时间，正好是五点四十五，再过五分钟，楼门就可以刷卡进出了。

　　小法看到刷卡机亮了一下，便小声叫了出来，"门好像可以开了"！这时，排在第一个的女生小心翼翼地观察了一下卡，转过头小声地通知大家还不能开。

　　小法怀着激动的心情又等了三分钟左右，终于可以刷卡开门了，十几个女生排好队冲出了宿舍楼，跑向还有 500 多米的端升

　　＊　作者：张晓娟，中国政法大学民商经济法学院 2016 级本科生。

楼前，排好了队。一看时间，五点五十四分。端升楼的大爷一般是六点整开门，大家便耐心地等着。此时的小法排在队伍的倒数第几个，内心充满了焦虑，这么多人，可千万别是占同一个老师的课呀。小法虽然着急，眼睛却没闲着，把学校凌晨的美景全部收进了眼底，内心逐渐平静下来。

教学楼门开了，大家冲了进去。小法跑在后面，内心又有点儿着急，这么多人，怎么都占同一个教室的座位呢？

终于到了教室，小法率先给最后排的几个位子贴上了条，然后发现倒数第三排还有空位，便又迅速地贴了上去。占好位置，拍好照片，小法便一身轻松地离开了教室。

教室外的天已经蒙蒙亮了，刚刚睡醒的白昼深蓝深蓝的，似乎是责怪吵醒它的学子们。小法在回宿舍楼的路上遇见了几只漂亮的麻雀，它们在小法的脚边悠闲地漫步，小法想，它们这么早就出来觅食，一定能找到很多美食。

进了宿舍楼，宿管阿姨房间的灯还暗着，真好，没有打扰到阿姨的睡眠，小法的内心感慨了一下。进了寝室，其他几个女孩子都陆陆续续地起床了，小法躺在床上休息了一下，心想，新的一天又开始了，今天都有哪些安排呢？

献 花*

——这一场场盛开的仪式

赵晨紫

你如果让我领着别人参观法大，边走边聊，我是可以把这所学校大致跟别人讲讲的，可你要让我在其中挑一个故事写出来，这可真是令人抓耳挠腮了！毕竟这所校园每天都有无数人来来往往，其中的故事又怎么能说得完，参得透呢。

若是真的要我讲一段，我记得最清楚的是八月末，我提前两周回到学校准备下半年的学校生活，傍晚时分拎着包路过喷泉边，看见一个扎着两个羊角辫的女孩，手里拿着可能是刚刚路过排球场从墙边采下的黄色蔷薇，一路小跑着送到谢觉哉先生碑前。

还有九月初，开学的第一天，是我在法大的第三个年头，早晨八点左右路过钱端升雕像，不出意料地在雕像前见到了一捧沾着露水的鲜花。

法大学子喜欢献花，和别的地方不太一样，仿佛为尊敬之人献上鲜花是一件再稀松平常不过的事情，从康乃馨到剑兰、文竹，一学期课程结束，一捧花、一张卡片，这是一场可能每天都

---

* 作者：赵晨紫，中国政法大学法学院 2016 级本科生。

盛开在法大的一场小小仪式。

一、凛凛蓟门桥

"两脚踏开尘世路，一肩挑尽古今愁。" ——谢觉哉

1949 年，在朝阳大学基础上成立的、仅仅存在半年的中国政法大学成立，谢觉哉出任校长。

1952 年，由北京大学、清华大学、燕京大学、辅仁大学四校的法学、政治学等学科组合而诞生的北京政法学院，落址蓟门桥南。

二十多年，有过坎坷，有过蒙尘，但 1978 年的复办让这所院校重见光明，至今已是四十年渺渺光阴。

如今矗立在昌平校区喷泉两侧的两尊雕塑——钱端升先生与谢觉哉先生，两人均曾任北京政法学院（中国政法大学前身）的院长/校长，对于祖籍上海的钱端升先生，或是祖籍湖南的谢觉哉先生来说，相对南方那万花锦簇的场景，北京一定不是个赏花的好地方。

拿我举例，南方姑娘来北方上学之前，一直以为北方是没有什么花的，起码开不成花团锦簇的样子，不然在老舍先生的《想北平》中，有长着红酸枣的老城墙，有靠山竹和爬山虎，怎么就是没有花呢？

况且在那样一个年代，流离颠簸是主色，哪儿有时间赏花。尤记得《谢觉哉家书》中有这么一段，谢先生的儿子要上京探望父亲，出发前特送信一封询问谢老先生意见，谢老回信：不必花费人力物力在如此远的路途上，待收成好了，我这边手头事也处理得差不多了，我回去看你们就是了。回信时，谢老已经好几年

未回过老家与亲人团聚。

1952 年，为响应中央号召，钱端升先生作为司法体制改革的拓荒者，与拥有同样热情的伙伴们云集北京政法学院。在那个年代，小小的学院里众星闪烁，汇集了以钱端升先生为首的，包括王铁崖、费青、吴恩裕、雷洁琼、朱奇武等在内的伟大的学术星宿，这些足够后辈学者仰望的代表 20 世纪五六十年代中国法学、政治学、社会学最高水平的学者。

如今，斯人已逝，但精神还在、风骨不倒。

从我入校的那一天起，我也同不熟知中国政法大学的人一样感到奇怪，一所自习教室时刻都满满当当、求知求学风气浓厚、大多数人都行色匆匆的学府，为何这些雕塑前总是有鲜花。可是在这所学校生活了三个年头后，答案自然而然在心中显明。

为先辈献花，不是为了炫耀、攀比或是作秀，而是一所名校，不论他的学子更新延续了几代，都要铭记伟人，都要心怀家国，都要时刻提醒自己今日之所学、今日之所获，都是站在前人肩膀上眺望的结果。以花代替语言，让沉默的崇敬冲破时间的枷锁，替我们传达给四五十年前奋斗在重建政法事业第一线的先辈，同时也提醒自己"厚德明法、格物致公"。

这也是偏属于法大学子的浪漫与纪念。

二、巍巍军都山

"我的肩上是风，风上是闪耀的星群。"——北岛

中国政法大学的校花是玉兰，而玉兰的花语是报恩、真挚与芬芳。

不难看出这所学校对"报恩"的"讲究"，所以法大学子献

花给老师，似乎不是什么稀奇事，就像每次下课都准时响起的掌声一般。

夏季还好，到了冬天，鲜花就很难买到漂亮又合适的，每逢结课季，班里几个活跃分子或者班委就开始筹划，买什么样的花，去哪儿买花，要写什么样的话在贺卡上随花一起送给老师，先是几个人头攒在一起商量，设计出一个初步计划后公布到班里，再从同学中选出几个公认的"审美好"的代表挑花，不满意的话可能还要多跑几家店。

出了昌平校区的北门往前走两个路口，街边是一排排店面或大或小的花店，不论你何时经过，店里除了为了纪念日捧走大束玫瑰的情侣爱人，就是法大学生了，你要是凑近一点还能听见他们的对话："这个粉色配上紫色的包装好看，老师肯定喜欢。"买回了花，还要写几句话，挑出班里写字最遒劲有力或娟洁秀美的同学，斟酌再斟酌，一笔一画，写下同学们的心意。

最后还要把花朵带去教室，冬天，北京的风可是不得了，一路上除了要防着自己的帽子围巾被刮歪，还要护着鲜花别被吹走了形，等到了教室，还没完，老师要上课，鲜花得先藏着，坐在最后一排的同学就会小心翼翼地把花摆在窗台上，再用窗帘遮住。

快下课的时候，讲台底下就慢慢地开始骚动，鲜花从一个人手里传到另一个人手里，最终到达献花代表手中，让他在合适的时间献给老师。

你看，这是不是一场独属于法大学子的矜持又浪漫的仪式？

这样描述起来，我自己也觉得有趣。只不过在往常，我们只是把献花给老师当作一件理所应当的事情去做，从没有人问过该不该，为什么。从我入学的那一天起，我的师兄师姐就是这么做的：鲜花有价，知识无价；课堂有价，教诲无价；仪式有价，而仪式感无价。我们把"报恩"深深镌刻在骨子里了。

老师以教书育人度学生，学生以拳拳之心敬老师，既是良师也是益友，这便是法大师生之间相处的道理。

三、一生一世法大人

"我们最终都要远行，最终都要跟稚嫩的自己告别。"

——海子

在我还没有成为法大一员之时，就曾在微信公众号上看到过有毕业生将玉兰和校训铭刻在戒指上，作为毕业礼物送给即将离开校园的自己。

至今印象深刻的一幕，是大一的我在六月初走在校园里，夏天很好，只是总是要离别，操场上有时会被布置着满天星和扶郎，开着歌会；法渊阁前会有向日葵和香槟色玫瑰，还有一批又一批志同道合的朋友；在"拓荒牛"前拍照的话，手里的捧花就随你的喜欢搭配，只不过因为要和学术帽一起抛上天，所以要用胶带紧紧缠住。

总有师兄师姐感叹，四年来给别人献了无数次花，看了大大小小无数次道别，终于还是轮到了自己。四年，足以让青涩的少年变成意气风发的青年，让稚嫩的梦想成长为羽翼丰满的理想。大多数人都心知肚明，走出学校这栋象牙塔，前路必然不会一帆风顺，但即便如此，我们还是充满憧憬和希望，把鲜花献给自己。

我曾读过这样一个故事，在战乱结束后的德国，人们在废墟上重建家园，处在这样困苦灾难的境地，他们仍没有忘记在黑暗又潮湿的地下室桌上，放上一捧鲜花。即使前路不定，可能坎坷艰辛，但我们仍不要忘记给自己献上鲜花，就像这北京一隅的校园，时过境迁，斗转星移，每年六月，她还是会盛开一片又一片绚烂的花海，把这所学校和代代莘莘学子温柔地环绕。

复建四十年，这片土地，这所学校发生过太多太多的故事，这些个性鲜明的、青春洋溢的个体来自天南海北，又汇聚到这里，本身就是生活给我们献上的一捧鲜花。

如果你对法大还不够了解而又愿意的话，我很乐意邀请你在春暖花开时来法大，切身体会这一场场盛开在每时每刻微小又盛大的仪式。

法律援助故事：法援情暖，砥砺向前*

闫雪晴

    法大法律援助的故事，开始于风雨冬夏中南门树荫下和每一位当事人的每一句话，开始于打开无数网页终于敲下文书的第一个字。

    在中午十二点的中国政法大学南门前，常常可以看到这样的场景：来自全国各地需要法律援助的当事人操着不同的口音，手中拿着一摞摞沉甸甸的法律文书，或是眼含泪光，或是情绪激动地向面前的法大学生诉说自己的遭遇，学生们一边听着他们的讲述，一边翻看手中的材料，冷静而沉着地分析案情、寻找解决对策。

    这群学生来自不同的社团、不同的年级，却在做着相同的一件事情——法律援助。中国政法大学法律援助活动初始于1994年，由法大准律师协会法律援助中心最早开展，随后法大农村与法制研究会一安法律援助中心、法大青年志愿者协会法律援助中心相继开展，为法大有志于为社会提供公益法律援助的学生提供了优质平台。

    每天中午十二点值班时，门内是身处法大荫蔽的我们，门外是路沿边风尘仆仆的当事人。当我们向他们走去时，他们向我们走来，操着山南海北的方言，从包里拿出厚厚一沓材料，把我们

---

  * 作者：闫雪晴，中国政法大学刑事司法学院2020级硕士研究生。

带入各自的或悲或忧。他们或平静或激动，思路或清晰或浑浊；更多的是带着不安与困惑，向我们讲述他们的遭遇。而我们，作为一个旁观者客观冷静分析着、评价着，站在法大的牌匾前，从一个初窥门道的法学生视角与他们交谈一午，之后则又分别，一场短暂相逢，从陌生人复归陌生人。

这样的工作应该是既简单又复杂的，平平常常，却又无不践行着温暖他人的初衷。每位法援人都接待过众多当事人，每一次接待都会发生不一样的故事。

图1　参加法律援助的同学在昌平校区南门接待当事人

10月的一个中午，彼时军都山下的法大已是秋色满盈。虽然不是排好的值班时间，放心不下师妹的师姐来不及吃一口东西，一下课就飞奔到南门，开始了一次援助。当事人婆婆的诉求简单，但现实中的案情总是各有各的复杂。近两小时的接待后，同学们决定出具法律文书。还没有整理好思路之前，心总是吊着，午餐时间大家都有空闲就约在一起边吃边讨论；遇到想不通的瓶颈就请师兄师姐和小伙伴们一起到学生活动中心或逸夫楼讲解。

负责案件的小组一次次梳理、搜索相似案例，寻找突破口，归纳案件事实，对照法条阐释理由……约好一个星期后交付文书，白天仍有课业的学生们一刻也不敢马虎，过了熄灯时间也还在群里讨论，各自所想不言亦明——"再完善一点"！单纯又炽热的情怀让夜也亮起来。当一份起诉状敲定终稿时，已经几人之手，修改了不下六七遍。

到了要交付的时间，负责的同学对照着和起诉状一起交付的法律意见书，耐心地向当事人一步步解释。当事人接过文书，转身迅速地擦了下眼泪，对一同前来的另一位阿姨说，"你看我说过，他们没有胡闹，他们是真的想帮咱们"。

对法律援助的同学们来说，这句话是什么分量呢？这样暖烘烘的信任与肯定就是十足的幸福吧。

图 2　准律师协会法律援助中心的同学询问劳动纠纷案情

2018 年 4 月底，26 位追讨基本养老保险待遇的农村劳动者因为超过法定退休年龄，不被劳动仲裁机构受理。在紧张的 15 天起诉期间内，他们经法院推荐到中国政法大学准律师协会法律援助中心寻求法律援助。尽管面临时间紧、人数多、案情复杂等种种困难，中国政法大学准律师协会法律援助中心还是接手了这起标的额总计 250 万元的劳动社保待遇纠纷案件。

二十多位同学放弃"五一"假期的时间，聚在一起起草起诉书。负责人解释说："因为还是学生，很多东西会出纰漏，所以总是要一改再改，遇到不懂的问题还需要请教老师、师兄师姐或者自己检索。"借力于中国政法大学准律师协会法律援助中心一脉相承的"一带一"制度，这次以大一为主力的援助团队不断尝试、不断改进。除时间紧之外，26 位当事人完全不同的经历、诉求，也是一大难题。为了厘清每个当事人的案件事实和请求，成员们专门组织了一次实地考察，以期作出更符合实际、更完善的修改。

对每一个案子，都要尽其所能；对每一份文书，都得精益求精。递出去的不只是几份文书而已。或许没有钱请律师，或许不了解接触司法的途径，有些时候，文书是已别无他法的当事人继续生活的希望，有时候是他们持续了数十年对公平正义的追求，一旦想到法律援助要承载这样的责任，怎么敢马虎对待呢？

所幸这一次，努力没有白费。6 月底，经法院调解，26 位老员工顺利获得每人 8 万元到 10 万元的一次性补偿，总金额在 200 万以上。案子尘埃落定后的一个下午，几名乐器厂员工代表给中国政法大学准律师协会法律援助中心的学生送来了一面锦旗："法律援助暖人心，无偿服务解民忧。"

除了面对面的咨询，法律援助的同学们积极创新，采取线上沟通的方式进行法律援助。"我男朋友借我身份证贷款，现在人跑了，我该怎么办？"在研究生院接待当事人的一天上午，志愿者们刚刚坐在接待席，立即展开了线上对话，经过询问后得知，咨询的姑娘在恋爱期间，身份证被男朋友拿去办了贷款，现在银行追还欠款，但她男朋友却失联了，姑娘走投无路，选择了微博咨询。"我刚到北京，在朝阳工作，收入并不多，5000块钱的贷款数额，对我来说并不少。"法律援助的志愿者了解情况后，经过沟通，了解了事情的前因后果，并整理现存证据，在情理法三者的协调平衡中，志愿者进行了多轮激烈的讨论，最终在老师的指导下找到了一个好的解决办法，帮姑娘把债务依法转移给了她的男朋友。

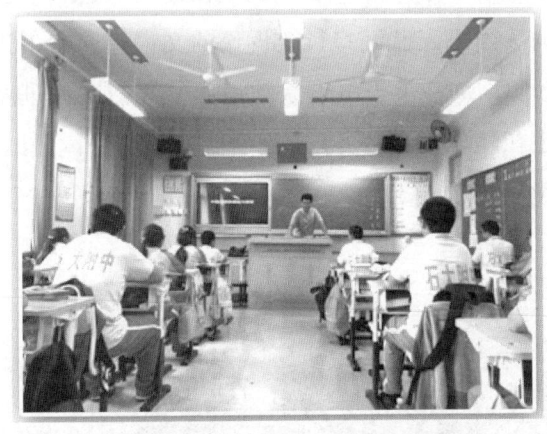

图3　青年志愿者协会法律援助中心的同学在中学进行普法教育

曾经有一个初中生在微博进行咨询时问道："现在我国重新修订了《中华人民共和国未成年人保护法》。未满十六岁的人在对他人进行校园暴力之后并不会受到刑事处罚，这样是否会对犯罪分子起到保护作用呢?"或许初中生的视角还限制在一个不大的方面，但是实际上这是一个很大的思考。我们无法从"良法""恶法""正义"这样宏大的角度对她的问题进行回答，只能针对她的问题给出回答，或许未来的某一天，她会加入我们，成为思考这样的"大问题"的人。我们回答她，"每个制度设计的初衷都是好的，但是在实行的过程中往往又会出现一些意外后果。就如同《中华人民共和国未成年人保护法》，它的立法初衷是为了保护心智尚不完全的未成年人，而我国法律规定的不负刑事责任的年龄段又是校园霸凌最高发的年龄段。目前对校园霸凌最重也最明确的判决就是北京西城法院判决的一起校园霸凌案件，虽然判决并不重，但是我们也看到了方向：对于未成年人的恶性犯罪，法律不会容忍"。

刚刚结束期末考试，一位参与法律援助的同学跟进的案件有了新的动向，当事人已经将行政诉讼的文书递交给了当地法院。这位同学说："每一个当事人激动地回复我们案件进度的时候，我们的心也在随着他们起伏。只有身临其境的法律援助，才是负责态度的彰显。"

图4　农村与法制研究会—安法律援助中心的同学协助当事人梳理材料

于我们而言，法律援助在进行援助的过程中已经完成其意义，虽然过程中错综复杂的现实对我们进行了一次次磋磨，但亦有许多沉重之外的故事留在我们的记忆中。在没有当事人的时候，我们会在外面围成一圈，模拟接待模拟当事人，上演一场不失幽默的剧情；会在从校外回校时被门口的当事人认出，则又是一番案情以外的人情交流；有时也总会和保安叔叔面对着当事人相顾一笑，一同从世俗人情出发为他们排忧解难。电脑里为每一位当事人出具的文书从一稿修改到六稿七稿，红色的批注从空白增加到满篇最后又归于空白，打开的网页从一个到铺满导航栏，敲下的文字则又不知不觉上了数千。如释重负地把文件名改为终稿的那一刻，把刚打印好的文书热腾腾地交给当事人的那一刻，寄给当事人的文书把地址填到门牌号的那一刻……这些瞬间组成了每一位参与过法大法律援助同学的记忆，组成了我们在法大留下的痕迹与故事。

法大法律援助的故事，归于交给当事人一张回执单时他们小心翼翼收起来时眼中的些许泪光，归于案件跟进中新的发展动向，也归于做完案件归档后翻着几十页的文档、最后点下关闭的刹那。

风里雨里，我们于此处演绎着法大故事的无限种可能，在象牙塔和人世间的交界处，发生着一级一级的我们与一位一位的他们的故事。南门门口的常青树似乎伴着光阴而不老，树荫下的身影出现又消散。夏至冬来，一页页材料翻飞，一句句话语喧腾，一颗颗心脏跳动。

资料来源

准律师协会法律援助中心：杨斯诺、曾婉怡、王秋阳。

农村与法制研究会—安法律援助中心：王鹤宸。

青年志愿者协会法律援助中心：聂千旭、王世扬（部分参考朝阳报滕聪敏记者报道）。

法治广场思真理　浮雕流水显自由[*]

吕夏宇

　　中国政法大学的校园，布局条块方正，紫荆红建筑鲜明亮丽，展现出了一所政法院校应有的大气磅礴与使命担当。

　　校园中的著名景点也大多庄严肃穆，到处都镌刻着"法治"印记：刻有学校校训的法鼎，分别以校训"厚德""明法""格物""致公"命名的一体四翼式的主教学楼，贯穿东西且笔直宽阔的宪法大道，神秘又迷人的婚姻法花园小径，以及意蕴深长的法治广场。[1]《苏格拉底之死》的图画与《世界人权宣言》的全文便镶嵌在广场中央仁立的那面浮雕流水墙之上。

　　"我们离开这里的时候到了，我去死，你们去活，但是无人知道，谁的前程更幸福，只有神才知道。"这是苏格拉底死前最后的申辩。

　　公元前399年，70岁的苏格拉底因"左道邪说"和"腐蚀年轻人的心灵"被提起公诉，五百零一名公民经过审判，判决他有罪。在被执行死刑前，苏格拉底的朋友们希望他逃亡，却被他拒绝。这个不懈追求真理、敢于舍生取义的伟大哲人在留下那句

---

　　* 作者：吕夏宇，中国政法大学法律硕士学院2018级硕士研究生。
　　[1] 蒋安杰："志向是奋斗的原动力也是人生的定盘星——习近平总书记考察中国政法大学一周年回访"，载 http://epaper.legaldaily.com.cn/fzrb/content/20180504/Articel01007GN.htm，最后访问日期：2019年2月11日。

最后的申辩后，便带着神的圣谕从容地走向了死亡。为了纪念这个伟大的历史时刻，1787年，法国画家大卫创作了这幅名为"苏格拉底之死"的油画。画中的苏格拉底神色泰然地坐在床上。他庄重正直的身躯、高举有力的左手、无比坚定的神态，无不发散出令人钦敬的光芒，而同时，他的右手已伸向装着鸩毒的酒杯。[1] 那是一个悲剧的时刻，一位伟大的智者选择用生命来捍卫法律的效力与权威，来表达自己对国家和社会正义的虔敬。那也是古希腊雅典城邦史乃至西方思想史上的重要时刻，因为苏格拉底之死引发了其弟子和后人们关于"良法"和"程序正义"的无穷思考，使他的哲学如日中天，其光芒照亮了整个智识长空。[2]

几个世纪之后，在遥远东方的一座大学校园里，大卫的这幅油画被精心雕刻在了一面流水墙上，供同学们日常观赏与反复瞻仰。在这座被称为"中国法学第一学府"的大学中，师者倾其所能向学子讲解、传授着与法有关的一切，苏格拉底的故事一遍又一遍地被提起，引发了无穷无尽的法哲学思考。法治精神在这片沃土的滋养下慢慢生根发芽，长成参天大树，结出累累硕果，这就是法大人必须具备的法治理想与法治信仰。在这片沃土上成长的一代代法大人，在奋进前行的路上，时刻肩负着"挥法律之利剑，持正义之天平"的使命。

除法哲学家的身份之外，作为教育家的苏格拉底唤醒并培育了弟子柏拉图和后人亚里士多德这两位对法治有系统研究的哲学家和思想家。苏格拉底所创造的以师生问答方式进行教学的方法，被人们称为"苏格拉底方法"，即为学生的思想接生。苏格

---

〔1〕　郭进："苏格拉底死亡的选择及意义"，载《大观周刊》2011年第17期。

〔2〕　引自：英国约翰·斯图亚特·穆勒所著《论自由》。

拉底教学法尊重学生的怀疑精神，鼓励学生们在对已有概念、判例有所了解的前提下进一步分析，而非重复权威和前人的说法，并且避免陷入虚伪人格的陷阱。[1]要知道，法律是世俗的学问，却是关于良善和公正的艺术。苏格拉底以己身为教材，教会学生独立思考，冲破束缚，追求真理。可见，这幅《苏格拉底之死》不仅是法大学子探索法治的指路明灯，还是师者寻求教学方法的重大启示。春去秋来，花开花落，无数法大人在此与一代智者精神相汇、智慧相交，而这方广场也陪伴着法大人在法治道路上探源溯流。

智慧使苏格拉底看到并一直紧紧关注着众人未曾察觉的美德，忠诚于他自己热爱的城邦，忠诚于他一生遵从的法律，忠诚于他永恒不变的有关正义的理想追求。而这种理想追求世代流传。在苏格拉底离开的 24 个世纪之后，一份被称为"世界自由、正义与和平的基础"的文件被联合国大会通过，正式颁布成为第一个关于人权问题的国际文件。而这份名为"世界人权宣言"的文件对全人类争取、维护、改善和发展人权产生了深远的影响，被雕刻在法治广场流水墙的另一面。

一面是极具智慧而谦逊的自称"牛虻"的苏格拉底，另一面是《世界人权宣言》的全文，一"古"一"今"，一"个体"一"群体"，昭示着这座校园对法律的信仰和追求，[2]也昭示着这方以"法治"为名的广场的深厚寄托，即让每一个法学生和未来的司法工作者以法治为先，以法治为魂，以法治为准则，以法治为信仰，为自由、正义与和平呐喊。这是法学教育的最终追求，也

---

〔1〕 "法言微语说教育之何启豪篇"，载 http://news. cupl. edu. cn/info/1021/28509. htm，最后访问日期：2019 年 2 月 11 日。

〔2〕 柳经纬："狭小校园里的法制景点"，载《中国政法大学校报》第 739 期。

是彼时这座校园的管理者和这座雕塑的设计者的初心。

这方精致的法治广场位于宪法大道的一端，是这座着重于庄严肃穆建筑风格的法大校园里独有的一处清丽明朗、花草缤纷之地。这里松柏林立环绕，鹅卵石小径和紫藤长廊相映成趣。法大校园袖珍且精致，一隅的法治广场便成为同学们早起晨读、漫步谈心的绝佳场地。英语单词、法学术语的声音在这里此起彼伏，朝阳、晨露、叽叽喳喳的鸟雀陪伴着晨读的同学们度过努力拼搏的每个清晨。琅琅读书声也在一天天地熏陶与感染着万物生灵，就像自由与正义如涓涓细流般流淌进并充盈于法大人的精神世界。每每日暮降临，挚友或情侣三三两两坐在长椅上，或探讨法律或道德难题，或倾诉内心的爱慕与向往，可谓法大人独特而又极致的浪漫。

从苏格拉底的"真理：考查、认识和信心"到江平老校长的"只向真理低头"，追寻真理成为法大人永恒的信仰，他们在中国法治建设的进程中毅然前行，他们维护程序正义，他们追求法治、保护人权，他们用自己的实际行动推动着当代中国的法治进程。这方小小的天地，承载着记忆，更承载着理想。

四年四度军都春，一生一世法大人，无数法大学子从法治广场走过，一步一步走向更为广阔的法治天地。古有张横渠勉励学子："为天地立心，为生民立命，为往圣继绝学，为万世开太平。"今天的法大人，怀揣"经国纬政，法泽天下"的法治理想，正整装待发！

法大的国庆前夕[*]

——以群众游行 22 方阵的法大学子为视角

杨中心

2019 年 9 月 30 日晚上 9 点，我在宿舍准备好好休息，养精蓄锐，因为我将踏上一段期待已久的旅程，我将完成一项令人心潮澎湃的使命。但我躺在床上却久久不能入眠，我开始翻看群中反复强调的集合要求，"集合时间：10 月 1 日当天的【南侧：00：40】【北侧：1：40】……"对于这样一个我们接到过很多次也执行过很多次的时间通知，我的心情竟然十分复杂。10 点钟了，我还是激动得无法入眠，我又翻开朋友圈，发现同在训练队伍中的同学们仿佛都和我一样，激动万分，难以入眠。于是我决定起床梳洗打扮，美美地迎接凌晨 00：40 的到来。

2019 年 10 月 1 日 00：30，我提前十分钟到达操场集合，操场上已经有很多人了，杨教官特意来为我们送行，虽是在深夜，但每个人都精神奕奕、斗志昂扬。上车之后，教官和训练组、后勤组的老师们在夜色中向我们招手，我们在车上也热情地向他们招手，他们对我们充满期待，我们必定不负众望。

2019 年 10 月 1 日凌晨 1：30 左右，我们南侧的同学启程了。

---

[*] 作者：杨中心，中国政法大学刑事司法学院 2017 级本科生。

在车上，我在半梦半醒中回忆起了 13 次外出训练及验收的种种场景。凌晨 4 点出发，在顺义赛马场的第一次合练，法大的大飞机第一次在市直机关的前辈领导们面前亮相，赢得了阵阵掌声；凌晨 1 点出发去良乡机场接受验收，所有方阵中，只有我们这一千多名法大师生是坐着没有窗帘、座位又硬的公交车去的，那个过程的煎熬现在回想起来还十分痛苦。那两次的艰辛实是让我们缓了好几天才缓过来。但是这两次也让我看到了法大人温暖又坚强的一面，大家互相关心照顾，男同学们更是把自己的座位让给别人，自己却坐在公交车的地上眯一会儿。这不仅让我感受到了法大人温暖谦让的品质，更感受到了法大人不惧困难、迎难而上的勇气。去阅兵村的那次更是记忆深刻，原以为阅兵村的环境会比较好，其实不然，由于走过虚拟的主席台之后需要快速撤场，在充满土、石子、杂草的地上走了很久，在烈日和尘土中前行，不知道还有多久才能到达目的地，只知道我们要坚强地走过这段路，回到公交车上。由于没有窗帘，烈日把车里的座位照得滚烫，餐包中的士力架已经融化，我们拿着湿巾擦拭脸上的尘土。看着变得黑黑的湿巾，我突然感受到了一种成就感，虽然环境艰苦，比我们训练强度大很多的军人们仍然乐在其中，和我同行的其他老师同学们依然精神饱满。几次长安街彩排更是令人记忆深刻，彩排前一天下午两点多就要从学校出发，第二天凌晨才能返程，但是对长安街的向往让我们忘记了疲惫，心中都是满满的斗志。9 月 14 日的彩排，22 方阵以零误差的好成绩在众多游行方阵中脱颖而出，这个好消息让方阵里的每一个人都充满自豪与骄傲，这么长时间的训练终于得到了肯定与认可。9 月 21 日全要素彩排，当我们站在长安街上，让人无比敬畏的武器方阵从我们面前缓缓走过时，我心中满满的都是骄傲与幸福。武器方阵过

163

后，我们便满怀期待地等待着我们的彩车，我们的彩车高大庄严，人民大会堂的五星穹顶星光灿烂，中间簇拥着《中华人民共和国宪法》，彩车两侧有一双金色的大手，托起了中华民族民主法治建设的决心！看着我们的彩车，我激动万分，尽管在凌晨 1 点，我内心汹涌澎湃！……我的思绪被汽车的停靠打断，我也从半睡半醒中清醒。

2019 年 10 月 1 日凌晨 3：00 左右，我们到达了远端安检口，在这里，迎接我们的有法大的三十几名后勤人员，他们比我们提前一天来到这里负责道具的安检，确保方阵游行的顺利进行。看着坐在纸箱子上的同学们，我十分感动。在我们这一千多名方阵成员的背后，还有三百多名默默无闻的后勤人员。在学校训练时，后勤工作的同学们比我们起得早，比我们回得晚；外出合练时，比我们先出发，比我们后返校；长安街彩排时，他们更是提前一天在远端安检口等待我们，接到我们之后，他们便默默地返回学校。他们不能走上长安街、走过天安门，但却不比我们少担责任，不比我们少付辛苦。没有他们的付出与保障，哪有车座上满满的餐包，哪有走过天安门时热情洋溢的我们。所以他们更值得敬佩，更值得尊重，更值得感激！

2019 年 10 月 1 日凌晨 5：00 左右，我们到达了崇文门，走出地铁站，天色已经微亮了，凌晨 5 点的北京有些凉意。22 方阵南侧同学的候场地点离长安街最近，这就要求我们更加严格地要求自己，注意自己的一言一行。

2019 年 10 月 1 日上午 8：00，庆典马上就要开始了！我们在 9：00 左右站立保持静默，等待历史时刻的到来。由于是离长安街最近的方阵，所以我们能够看到在长安街上已经准备好的军人们。他们始终保持着挺拔的身姿，等待党和人民的检阅。我们静静地站立着，虽然离天安门还有一段距离，但是总书记讲话的声音，标兵整齐铿锵的步伐声阵阵传入耳中，让我激动万分。习近平主席检阅军队时，我们站立着，静默地注视着主席从我们面前经过。

2019年10月1日上午10：00，群众游行终于开始了！从在长安街上南北汇合开始，我的心情更加激动了。沿路有许多摄像机，两边的楼顶上也有很多机位，我们热情地向每一个摄像机招手。终于看到了红色城墙，阳光下的天安门和夜里的天安门真是不一样！22方阵《宣誓号角》的响起让我们的情绪瞬间达到了巅峰，我们跳跃着，欢呼着，挥舞着手中的花束，将最美的笑脸呈现给党和人民！让党和人民看到中国政法大学学子的朝气与信心，让党和人民相信民主法治事必将走向辉煌，让党和人民相信中华民族的未来必将更加美好！

2019年10月1日下午两点左右，我们回到了学校。学校的老师们、领导们还有可爱的杨教官在学校迎接我们的凯旋。由于活动保密性的要求，我们一直不敢拍照，现在终于可以拍下我们唯一的一张合照了！尽管已经一夜未眠，辛苦奔波，但是大家都毫无倦意，在操场上再次站成大飞机的队形，留下了我们唯一的一段着正式服装的视频！

这就是国庆70周年10月1日法大参与群众游行的回顾，作为方阵中一名普通的同学，我深切地感受到了法大人的坚强意志和浓浓的爱国情怀。80多个日日夜夜，13次外出合练，各个训练场都留下了我们法大人铿锵整齐的步伐和热情洋溢的欢呼。我们用青春最美的笑脸向祖国母亲70华诞献礼，我们用坚强的意志和信念诠释了法大人、中国法治事业建设者应有的姿态！

　　中国法治建设的道路上不会缺少法大人奋斗的身影，作为一名预备党员，作为一名青年法律人，我愿意为中国的法治事业贡献自己的力量，让党和人民相信中国的明天必将更加美好！

十年十度军都春，我热爱的法大，这样写给你们新生小可爱*

迪达尔·马力克

前两天，2019 级同一个新生的第二个亲戚打来电话，问法大宿舍几个人一间？

我给两位亲戚都回答：学生已经长大了，有事让学生自己联系。学生也可以自己在网上找到这些问题的答案。

2019 级新生现在有了新生群，查询好了班级，有班级群，老乡群，各种社团招新答疑群，师兄师姐的经验推文到处都是，我看小石桥长长的小精灵提示写了五期了。

师兄师姐对于新生的热情从来都是高涨的，坐等师弟师妹的他们，是不会错过任何一个可以给新生意见建议的机会的。我想，祖国都 70 周年生日了，应该不会有学生不知道怎么搜索到这些吧？（怕自己说错话查了一下，腾讯在 2019 年 5 月发布的业绩表明，2019 年首季微信及 WeChat 的合并月活跃账户数达 11.12 亿）。

转念一想，家长也是对的，孩子都是宝贝，担心也正常。我也可以在电话里当即回答那些生活细节问题，但我为什么会拒绝

---

* 作者：迪达尔·马力克，中国政法大学少数民族辅导员。

回答呢？我想，是不是我不够善良了？是不是当老师第四年了，我就开始厌倦工作中重复琐碎的部分了？那我自己上大学的时候，是不是也遇到过同样的问题呢？

现在回想起来，我上大学之前，可能是活在 19 世纪吧……世界观，眼界，或者说价值观，可能是 18 世纪……因为"部落的荣耀"一度是我认为最重要的追求……

回忆把我拉回了自己到法大上学的那年……那是 2006 年的 9 月，这么一说，突然觉得好遥远，我刚考上法大，但是要去北京邮电大学上两年少数民族预科，因为我是哈萨克语言文字考生，现在法大已经有了自己的少数民族预科班，不再需要去北京邮电大学了，我们自主培养，现在是预科 1901 班了吧，一年后，将变成 2020 级入学。就是说今年的 2019 级有 49 名同学，他们已经在法大学习生活了一年了。你们其他人在高考时，他们已经在朋友圈为你们加油来着。

那一年，我收到了两份通知书，没有人可以交流，那个时候没有微信，重点是我也没有手机，我好像也没有 QQ，记得是在预科机房里，舍友一起申请的 QQ 账号。当时手机在家乡还是奢侈品，有手机的大叔，都把手机别在裤腰带上，铃声很大很吵，每个月 15 元的月租，像一个家庭的重大财产。买了手机还会邀亲戚朋友一起庆祝一下的那种落后的生活，是一个国家级贫困县挣扎的生活日常。

然后我靠有限的汉语水平，根据所有随同通知书寄到的材料，完全靠自己准备入学，家里四处跑，从农村信用社贷了一万元巨额债务，当时真的是巨额，用来交学费，去北京，去入学。当时在农村信用社大厅，父亲拿着手中的材料，走来走去，时不时走出去在门口台阶那里蹲着，和别人说起话来，我感觉他恨不得让整个托里县都知道，我考上了中国政法大学，每次说出来，都把重音落在"中国"上。自己一个人时，他又会沉默很久，面朝空无一人的角落，蹲着……长大了才知道，也许他会很自责吧，学费也需要这样凑……这是预科一年级的学费，预科二年级的学费，我一直到领了预科结业证那天也没有交，学院办了减免手续，我按时拿到了结业证和《优秀结业生》的荣誉证书。生活富裕家庭的孩子，可能永远不知道那些资助政策里的一字一句都在实实在在地一点一滴地改变着贫穷家庭孩子的命运。

就这样，我没有提前联系到老师，也没有提前进什么群，看到什么答疑，一片茫然又无比坚信学校会把我照顾好，像一头扎进白色迷雾里，像电影《迷雾》的画面，出发了，那晚我坐上夜班车前往乌鲁木齐，觉得整个客运站的人都是来送我的，像一种错觉，又像一种飘忽不定的遥远的鼓励。小叔和小舅把我送到了乌鲁木齐火车站，说起来好害羞，那是当时的我见过的最大的场面了，第一次进火车站，第一次坐火车，我故作镇定，想着，我可是很厉害的呀，不能慌，装作我对这一切都很熟，心脏，哦天，可能从收到法大录取通知书的那一天开始就是一场漫长的长跑，咚咚咚的，上火车像百米冲刺，听说留在站台的两个大男人，拥抱了，还哭了，小舅后来喝多了，说"这么点儿小不点，一个人去那么远，个头小小的，进车厢……"

那天我并没有哭，兴奋得打开我的日记，书写我对未来无数的向往……回忆每到这个画面都闪闪发光……也有点明白，我今天为什么这么想写一篇推文给 2019 级法大人，也可能根本不会有 2019 级的学生翻到这篇推文，就算没有人看到，我想写给自己看看，一转眼，13 年了，那个翩翩少年，是否还对得起自己的梦想？

　　我虽然相信，现在是 2019 年，我们大部分人的生活已经很富了，相信每个学生都有一部手机，但也相信，也有人是第一次离开那个县城，第一次一个人出发，也有人看着父母凑学费的焦虑，也有人的手机是亲戚朋友不用了给你的，两千多个不同的家庭，不同的你们，至少，这个时刻，对着那个网上报到，看到"你已成功加入中国政法大学"一行字，喉咙发酸，眼眶湿润，又或者内心的小野兽蹦蹦跳跳，内心的憧憬一层又一层，想象着"法大呀，你是什么模样""大学，你要带我去哪里？""你好，未来，我会成为谁？"

　　因为武装部的工作，我需要去带军训，15 天都和同学们在一起，这个时间也正好成为我和每一届法大学生深入了解的过程。我会坐在看台边上，看你们训练，想想你们都来自怎样的生活环境？父母怎么样，你的童年呢？你的梦想呢？你在那个军训基地，看到的夕阳，淋到的雨，在你的青春里，渗进你的内心，是一种什么滋味？都有谁，考到这里，不仅仅是家里的骄傲？都有谁，可能是一个村子里第一个在北京读书的大学生？还有谁，在北京的本科学历，在家族里只是最普通的起点？又有谁，家境富裕，在一群同学当中，温暖灿烂，善良可爱？也许还有一个从法大附近的小区过来上大学的昌平本地人，放学还能回家吃午饭……太多不同的生活，在这里汇集，开一个开训仪式，都穿迷彩服，把你们都打扮成一个模样，你知道这为什么是你们的第一门必修课吗？

　　有人告诉我，军训基地的饭，是他从小到大吃过的最好吃的饭，因为一顿能吃到好几种菜，我没往下问，下回再见到这个学生，想尽办法给他塞水果；还有人因为觉得难吃，拒绝吃饭，我也能理解，因为这确实有可能是这个学生吃过的最难吃的饭菜。

有人在澡堂，穿错了别人的裤子，其实这个很难理解，怎么会穿错？原来的我，也许会把两个人都叫过来批评一顿，但是现在的我，慢慢去理解，那次洗澡，谁知道其中一个是不是有重重的心事，或者身体不舒服，或者家人亲属是否在病重？我慢慢习惯作为老师，体谅每一种可能性。第二天，拿过话筒，开玩笑地告诉大家，"穿错裤子的，穿着不舒服，就到武装部换一条吧"，也没人来。

有一个小姑娘，哭成了泪人，想家人，我没法安慰，我的妈呀，这个世界为什么不能给当老师的赋予一点特殊技能呢？不用像超级英雄，念个咒语，现场变出"小 fa fa"也可以"鸭"，或者兜里能够无限掏出糖果也行啊！我就那样，看着她哭湿了很多张纸巾，然后回去训练。

经历了两次，军训期间，有学生的亲属去世，这个部分的陪伴，我依然不知道该怎么做，哀伤处理，除非我和父亲的告别，我自己能完完整整做完，要不然我不知道怎么办，我似乎只能坐在一旁……其中一个学生今年"六一"祝我节日快乐，告诉我那天的陪伴，很有力量。

我就是这样在和你们的很多次很多次接触中，学会了尊重个体，我不会再去以"当代大学生的特点"之类的论文或者工作手册套用在你们身上，我知道那其中的任何一条都不能代表你们——你们都独一无二，不，我们！我们都是父母创造的奇迹，你就是你，我就是我，离开了过去的一分一秒都不是当下的我们。

一直不喜欢地域标签，我也就不会对温柔的东北男孩说："小老弟，能吹几瓶啊？"也不想问北京生源的学生"去过长城吗？"那个内蒙古的孩子，愿意说就说，不愿意说我不会好奇地问她骑什么上学？如果高考有射箭项目，这些游牧民族的同学，应该会告诉我的吧——同学，这是你在大学需要学会的第一件事情——放下过去学来的排名和竞争，接受多元的世界，尊重不同的个体。

你现在在大学学会了尊重个体，只要不是违法乱纪的事，旁人的自由，我们不再评头论足、指指点点的时候，将来的年轻人，才不会组一个合唱团，唱过年如何不被催婚。

同学，你还需要学会，放弃对于"优秀"比较单一的评价，所以别嘲笑别人的梦想，也别轻易否定别人为了达到今天而走过的路。经常有同学和我讨论起自己的很多事情，还有一些秘密，一个男孩告诉我，"迪哥，我就是想告诉你，我热爱人类，我将来想去联合国工作"。我不知道他将来会不会碰到谁，爱情来得太快，就像龙卷风，放弃这个梦想，但是至少现在他这个想着人类的想法，好酷！

大学里，大家都是从各种家庭来到这里的，你们在家里睡觉的床，估计讨论起来，都是一个教育学的课题或者社会学的研究，因为也许有很多人，没有自己的卧室……我今年暑假去家访了，看着在那些仿佛被世人遗忘的偏偏偏偏偏偏远的村庄里，我的学生迎面跑来，我没办法用词语形容，我是多么自豪我是一名共产党员，这是一个多么有气度的政党，才能把这些角角落落的儿女照顾到，是多少年的基层工作，才能将这些学生送到法大校园里，然后培养好，反哺家乡，需要几十年几十年的不懈努力，才能让中华大地生而贫困的孩子都能吃得上饱饭，上得了学，并走进大学校园。同学们，我内心世界一直比较立体，我会想象每一个学生，走过的路，多么艰难也罢，多么顺利也罢，或顺理成章，或你根本看不上这里，总之，当你踏进这个校门，收起你多余的骄傲，因为每个人都不容易，这里的每个灵魂，都对得起自己的追求和渴望！抬起你的头，看看法镜，两个斜着放的镜子，那代表"没有绝对的公平，只有相对的公平"，不学法学的你，也需要体会，我渴望你们能喜欢它，因为法大，在这四年时间里，将把你们放到一起，提供一个相对真空的社会状态，大家都是同学，都是法大人，青春无比美好的时光，都是你们自己在这里亲手创造的。所以，第一点，就是想告诉你，踏进这个门，把自己当成法大人，同样尊重和接受的态度，对待你身边的法大人。当然，你可以不喜欢其中的谁，也可以把谁变成你一生的挚爱，都可以，但是一定要先学会尊重个体，别忘了你也只是大家当中的一员，如你现在在家乡风风光光，差不多了，够了，走下你的神坛，来到法大的土地上，把自己放下来，否则一生会有一个痛，叫做"高考是我的人生巅峰"，它将会找上你。

同学，你在法大需要学会的第二件事情，是认识自己，悦纳自己。

我之前做了一个基因检测，不对，先说明一下，这不是广告，哈哈，公众号叫"各色DNA"，他们的广告叫"探索世界，从探索自己开始吧"，而且他们坚信"独特的你＝基因+个人经历/更好的你＝独特的你+行动"，很吸引我，就购买了一个，现在也不贵，可能也来得及给自己送一份入学礼物。之前也给自己所带的同学介绍，有人反对，问"迪哥，我们这样不好吗？为什么一定要认识自己？什么意思？觉得被冒犯了"。有这样想法的同学，就忽略我这段文字吧。二十天左右收到自己的基因检测报告，我关于基因大概只记得中学的生物课了吧，看到这个其实很好奇，会不断地去了解其中的一些只是，但我强调一下，我觉得这是一种参考信息哈。

这是认识自己的一种方式，因为，之前我们基本都是"别人家的孩子"，父母希望我们成为谁，老师希望我们怎么做，社会或者家族怎么期待？你自己呢？除了考上大学，想过别的吗？有什么特别想做的事吗？或者期待，梦想？就是你是否认真地考虑过你到底想成为谁？你到底想要什么？对于法大硬件设施的不满意，那你想要的生活，到底是什么样的？将来，在什么样的床上醒过来，吃什么样的早餐，做什么样的工作，如果都是你双手创造的，多么坦荡踏实，有多少距离，你要怎么做，你需要考虑了。

你像"蝙蝠侠"面对"影武者联盟"时，被问到"那你到底想要什么"一样，面对自己的童年，面对自己的父母，面对自己曾经的离别或者相遇，好或者不好，总之一些认识自己的事情，或者恐惧，然后面对自己，接受自己的身体缺陷、性格缺陷，接受自己的一切，允许自己哭，允许自己笑，允许自己不是第一，高兴自己一直是好人或者任何其他对你来说重要的事情。假如你做不到这一点，那么就会越长大越痛苦，越长大越逃避，知识的累积，社会阅历的增多或者财富的增加，都没有办法填满你一部分的空缺。

开学入学教育，你会集中接受很多信息，甚至连招新广告或者老乡会介绍词都会很新鲜，当然，你会不断地自我介绍，在各种场合自我介绍，如果太忙，你就留在军训基地去想，用国庆假期之前的这段初入学的匆匆时光，想一想，你是谁？撕掉你身上的一些标签，就是别人都有的一些标签，你会是谁？将来，你想成为谁？

当然，你也不必一次想清楚这些事，如果比较吃力，你先去看点书，我推荐那本介绍依恋关系的书，了解自己的童年太重要了，因为"幸福的童年治愈一生，不幸的童年需要用一生去治

174

愈"，如果不够快乐，你需要解决的问题将会更多，所以，别往后拖，勇敢面对自己，看看书，了解了解自己。这样，你就能像一个成年人一样悦纳自己，这个词太"心理学"了，我也不太会解释，更害怕说错，所以第二点我就介绍这么多吧。

我认为的，你需要学会的第三点是好好努力，造就自己。

同学们，我没有说好好学习，因为这是作为学生第一件应该做的事情，或者说也许你可以树立一个目标：终身学习。学习和考试，你不得不承认，是当今社会，最坦荡的一条路，给了无数人打破命运的机会，所以，学习就不说了，这是必须、应当、放在第一位做好的。

而我指的好好努力，是生活。我们接受的教育，告诉我们大爱大德，我觉得，只有大喜大悲才能体现这些大爱大德，而我们有时候，也喜欢拿自己的法治情怀，逃避自己当下小生活中的小矛盾和小堕落，而我觉得，问题的关键是自己，我们每个人，如果做好自己的事，先说照顾自己吧，就能避免大多数社会问题。

其实我就不知道该怎么形容这贯穿一生的"努力生活"，我觉得自己算是一个刚拿到"生活的入场券"的人，关于这一点，我就想说，无论多困难，都别放弃自己，撑不下去了，快要放弃了，找你的辅导员，法大有一群尽心尽责的学工队伍的老师，我们陪伴着，守护着很多学生，我们从没有放弃过任何一名学生！

说说法大吧，比如，何以法大？大家都有自己的答案，法大什么样，其实是讲法大人什么样？

法大有连续 13 年除夕没有回家过年、陪着整栋楼里没有办法回家过年的学生的值班员阿姨，我曾在一年的除夕夜，拍过各宿舍楼的照片，值班室里的一盏盏灯，守护着楼上几盏孤独的灯。所以，当因故不能回家的孩子们上了大学，放假也没地方回时，放心住下吧，从你踏进这个门，这里就是你的家。

法大有书法写得很好的环阶大爷，看你看书很久，下自习时，还会说"累了吧，快回去休息吧"。还有逸夫楼大爷，除夕夜因为有一个男生一直自习，没走，大爷说"心里可能不好受吧，我没叫"，然后自己坐在值班室门口陪着。

法大有师兄师姐，迎新那两天，每个人可能都走了三万步以上，法大的每一位新生家长，看到的都是笑脸，发自内心的那种，知道您的高兴，分享您的喜悦，校团委志愿者在家长服务区，来回跑动，一个个像有哪吒的风火轮。

法大有宇宙最准时的车队，一分一秒都不会错过，就是准点发车；法大有尽心尽责的校办，每个假期，只要偶尔有事去一趟主楼，无论什么时候，肯定会有一个电梯停在7层；法大有最勤劳的教务处老师们，每年的考试周，全校最后一个下班的永远是他们；法大还有笑眯眯的食堂阿姨，因为要照顾重病的家人，发朋友圈求助同学们，可不可以有什么临时的活儿，都叫她们；还有很多说不完的厉害的学生、球队、社团、人物……法大的孩子们，到司法考试、考研时，朋友圈互相约，饭点留给师兄师姐；法大小小的，小到中午下课时，往"拓荒牛"前一站，你就能见到一半以上法大人。

2019级的你，你我都不完美，法大也是，法大是我们所有人心目中渴望的一个空间，之前有很火的"我为什么喜欢中国政法大学"，也有"我为什么不喜欢中国政法大学"，喜欢不喜欢，你来了可能就知道了，但是，如果不够好，我们一起慢慢变好，毕竟她一直在变好。

记得有一次秋天，秋叶在落，中午时分，走到"拓荒牛"附近，大家好像都不约而同停下了脚步，有棉花糖般的云朵，有一点点秋风，我看到了依偎在一起的情侣，看到了不想扫秋叶，一直坐在三轮车上的保洁阿姨，看到了举办活动举着海报的学生，看到了有说有笑的朋友，看到了匆匆走向教室的教授，看到了刚打完球、生机勃勃的大男生……空中不断有落叶，一片一片一大片一大片地掉落，大家要么抬头看，要么拍照，那一刻，我觉得像童话里的画面，就好像时间都停止了，那里的人，那里的空气，那里的一切生命力，都那么的有法大的味道，都那么的温暖——这便成了我最想说给法大新生的故事。

最后，我总结一下，我想和你们分享三点：

（1）放下对自己、对他人、对世界，单一的标准，接受多元世界，尊重不同个体。

（2）认识自己，认可自己，悦纳自己。

（3）好好努力，造就自己。

忘了说点干货，现在补上。

（1）拿起你的电话，保存好以下电话号码：后勤 24 小时人工校园服务热线 58909345／松园派出所值班电话 89782718／校园 110 是 58909110／卡务部电话 58909617／网络部电话 58909530／物业木土维修电话 58909265／物业水暖维修电话 58909266／物业电工维修电话 58909270——别犯懒，现在就存上，四年里，即使只需要用一次，你也可以马上找到它。

（2）想要认识法大人眼中的法大，自己循环听一下以下毕业季主题歌曲：法大版《南山南》、法大版《小幸运》、法大版《成都》，网易云都可以找到这些：《说时少年》《军都记忆》《以风为期》。

（3）想了解法大人毕业后都什么模样，什么心情，自行翻阅《法大青年》，一年一年往后翻，看《肆年》视频。

（4）不知道大学学习什么，怎么学？打开中国政法大学学生处微信平台，找到"榜样法大"颁奖典礼主题视频《我为什么学习》。

（5）不知道大学的学习到底是什么样的，请自行打开教务处网站，前前后后左左右右全都翻一翻，看一看，自己一字一行地了解相关制度。

（6）现在正迷茫，不知道如何准备大学时光，就先别想了，好好陪陪家人，一起多坐一会儿，一起做做饭，一起散散步。千万别再多看太多的意见建议，因为别人都不是你，你也无法复制别人的大学生活，还剩 15 天，你就用来归零，放下过去，走下神坛，整理情绪，陪伴家人就对了。

（7）还有，你们从开学典礼，到毕业典礼，所有的这些大活动，都离不开学生处，最近学生处正在举行"我要上典礼"征文活动，就是开学典礼发言代表的选拔，你看看通知，如果正好想整理整理想法，畅想一下未来，给自己一些目标或者梦想，那么就用接下来一些时间，试着写一下，很多事情，脑子里想，和写下来，完全不一样，哪怕你不投稿，也试着写一下，这可是你人生的高光时刻之一。

（8）今天开始，网上报到了，希望大家快快完成，这样我们好统计大家的到站时间，会开始安排接站志愿者，回头具体详情会用学生处微信平台发出来，记得关注。

（9）还有，军训怎么减训、免训的事，入学教育那一周会通知，如果有身体疾病，不方便参加军训的，你先收集好你手上所有的诊断证明、住院材料等。

（10）本文这么长，不知道有没有人读到这里，一说就说不完了，控制不住了，就这样吧。耽误大家时间了。

最后，祝贺大家考上法大，尤其祝贺那些在日常生活中挣扎的平凡家庭的或者贫困家庭的孩子，我有很多很多想法，思考贫穷带给了我什么，最主要的是，它让我很勇敢，我想，穷都不怕，还怕什么呢？所以，如有同学需要，愿意真心陪伴，军训时，我一直在，在法大，去学生处你就能找到我。你漫长的人生，精彩的片段，才刚刚开始。同学，你要好好爱自己，好好照顾自己哦！